Manuel de réussite

Ou comment apprendre à provoquer sa chance !

Gilles Azzopardi

Manuel de réussite

Ou comment apprendre à provoquer sa chance !

FIRST
Editions

ISBN : 978-2-7540-1594-3
Dépôt légal : 1er trimestre 2010

Conception couverture : Olivier Frenot
Correction : Anne-Lise Martin
Mise en page : Catherine Kédémos

Imprimé en France

Éditions First
60, rue Mazarine
75006 Paris – France
Tél. : 01 45 49 60 00
Fax : 01 45 49 60 01
E-mail : firstinfo@efirst.com
Internet : www.editionsfirst.fr

Sommaire

IV. Je mets toutes les chances de mon côté

Introduction

On ne réussit pas, on ne s'épanouit pas dans sa vie, son travail si on ne sait pas ce qui est bon pour soi. Comment le savoir ? En répondant aux quatre grandes questions suivantes qu'on devrait toujours se poser avant de commencer sa vie professionnelle, même si c'est normal au début de se chercher.

Qu'est-ce que je dois faire ?
Comment être indépendant financièrement, remplir mes obligations morales vis-à-vis des autres et de moi-même ? Quels sont mes véritables besoins matériels ?

Qu'est-ce que je veux faire ?
Idéalement, qu'est-ce qui compte d'abord pour moi ? Faire carrière ? Aimer mon métier ? Me sentir utile ? Être reconnu par les autres ? Avoir du temps ? Réaliser quelque chose ? Trouver la sécurité ? Avoir des enfants ? Etc.

Qu'est-ce que je sais faire ?
Quels sont mes dons naturels (j'en ai) ? Est-ce que je les exploite vraiment ? Qu'est-ce que j'ai appris ? Est-ce que je m'en sers vraiment ? Comment pourrais-je vivre de ce que je sais faire (mes dons, mes hobbies, ma passion...) ?

Qu'est-ce que je peux faire ?
Qu'est-ce qui m'arrête (j'ai peur, je ne sais pas exactement ce que je veux, ce qui est possible, je n'ai pas confiance en moi...) ? Quelles sont mes possibilités (me débarrasser de ce qui m'arrête, voir un conseiller d'orientation, changer de métier, suivre une formation, me perfectionner...) ? De quoi ai-je besoin (de plus de temps, d'imagination, de volonté, de soutien de la part des autres, de conseils, d'opportunités, d'un bienfaiteur...) ?

Et même quand on est satisfait de sa vie ou de son travail, ce n'est pas une raison pour s'endormir sur ses lauriers. On doit aussi se poser les bonnes questions : Comment me vois-je dans trois, cinq, dix ans ? Est-ce qu'aujourd'hui j'ai un vrai projet de vie, est-ce que je suis capable de faire un vrai projet professionnel ? Est-ce que j'ai assez d'ambition, un regret, une envie (au fond de moi) ?

Ce livre vous encourage à vous poser les bonnes questions et vous donne toutes les clefs indispensables pour réussir.

Partie I

Je trouve en moi les clefs du succès

Dans cette partie...

« Il faut se connaître soi-même, disait Pascal, quand cela ne servirait pas à trouver le vrai, cela au moins sert à régler sa vie... »

Aujourd'hui où tout va de plus en plus vite, où tout devient de plus en plus compliqué, la connaissance de soi, de ses ressources, est la clef indispensable pour s'adapter et réussir (au sens d'être relativement heureux) dans le monde actuel.

Les chapitres suivants lui sont consacrés. Personnalité, caractère, intelligence, tempérament... : ils vous invitent à explorer les différentes facettes de votre moi. Et ils vous donnent les outils indispensables pour vous connaître mieux et faire les bons choix.

Chapitre 1

Tirer parti de toutes ses qualités

Beaucoup, voire la plupart, de nos petits et grands malheurs, notre manque de réussite, les insatisfactions comme les déceptions viennent du fait que nous ne faisons pas les bons choix. Pourquoi se trompe-t-on de vie, de travail, de partenaire… ? Presque toujours parce qu'on se connaît mal, pas assez, pas vraiment. On ne sait pas de quoi on est capable. Nous avons tous en nous des dons, des qualités, des talents inexploités !

« Connais-toi toi-même », disait ce bon vieux Socrate, il y a plus de deux mille ans. Se connaître pour agir, faire de meilleurs choix : cette exigence est toujours d'actualité. Peut-être même l'est-elle encore plus aujourd'hui.

Pour deux raisons :

1. dans un monde qui change rapidement et qui demande d'évoluer en permanence, une identité personnelle forte permet de mieux maîtriser son environnement et son destin ;
2. dans une société en perte de repères, où les rôles traditionnels (homme-femme, enfant-parent, patron-

employé...) sont caducs, à réinventer, savoir qui on est vraiment, ce qu'on veut et ce qu'on peut, fluidifie considérablement les relations aussi bien dans la sphère du social que dans celle de l'intime.

Mais se connaître soi-même est sans doute la chose la plus difficile du monde, car cela demande de regarder en soi sans préjugés ni craintes.

Pourtant les outils ne manquent pas. Depuis plus de cinquante ans, par exemple, médecins, psychologues et psychiatres du monde entier collaborent, en échangeant leurs informations, afin de définir des profils de personnalité valables sur le plan international.

Les résultats de leurs observations sont régulièrement publiés, par l'American Psychiatric Association, dans un gros ouvrage, qui fait référence auprès des professionnels : *Diagnostic and Statistical Manual of Mental Disorders* (*Le Manuel diagnostique et statistique des troubles mentaux*, aux éditions Masson).

Reconnus par l'ensemble de la communauté scientifique internationale, à quelques variantes près, ces profils de personnalité sont des indicateurs de tendances : ils vous seront précieux pour vous orienter et faire les bons choix en fonction de votre nature profonde.

Les types de personnalité du DSM

Aujourd'hui, dans l'état actuel des travaux (le DSM en est à sa quatrième révision, la version V est prévue pour 2012), on estime qu'il existe treize types de personnalité différents, avec des caractéristiques et des comportements spécifiques.

Ces types sont regroupés en quatre groupes.

• Groupe A : les personnalités excentriques et bizarres (types paranoïaque, schizoïde et schizotypique).
• Groupe B : les personnalités dramatiques, émotionnelles et désorganisées (types borderline, antisocial, histrionique, narcissique).
• Groupe C : les personnalités anxieuses ou peureuses (types dépendant, évitant, obsessionnel-compulsif et passif-agressif).
Parallèlement, on trouve aussi deux autres types non spécifiés (à cause du manque d'études) : la personnalité sadique et la personnalité à conduite d'échecs.

Pourquoi faire ce test ?

Nos succès et nos échecs doivent parfois à la chance (ou à la malchance), mais la première règle de la réussite consiste à faire ce pour quoi on est fait, à agir en fonction de sa personnalité profonde.

On échoue toujours quand on s'essaie à des choses qui ne sont pas dans ses cordes : par exemple, tenir une boutique quand on est plutôt timide, devenir programmateur quand on ne rêve que grands espaces... Ou en tout cas, on ne réussit pas durablement.

En revanche, les chances de succès sont multipliées quand on exploite ses dons naturels, voire quand on sait faire de ses difficultés des forces.

Quelles sont vos principales qualités ? Vos plus ? Comment tirer le meilleur parti de vos défauts ? Voilà au moins trois bonnes raisons de faire ce test.

Comment faire ce test ?

Le questionnaire de personnalité suivant, établi sur la base des critères diagnostiques du DSM III et IV, vous permettra de définir les différents traits de votre personnalité, voire votre type de personnalité si vous avez des tendances très marquées.

Certaines questions peuvent vous paraître très intimes, d'autres imprécises ou éloignées de votre sensibilité, de vos idées ou de vos préoccupations personnelles, mais cela fait partie du jeu.

Répondez sincèrement par oui ou par non. C'est dans votre intérêt.

1. Je m'attends souvent, sans raison suffisante, à ce que les autres m'exploitent.
2. Je n'apprécie pas beaucoup les relations avec les gens (y compris les relations familiales).
3. Je me sens souvent concerné par des situations ou des personnes sans lien direct avec moi.
4. Enfant, j'ai souvent fait (plus d'une fois) l'école buissonnière.
5. J'ai tendance à trop idéaliser mes relations ou à les dévaloriser d'une manière excessive.
6. Je cherche constamment à être rassuré, approuvé.
7. Je réagis toujours aux critiques par des sentiments (même non exprimés) de rage, de honte ou d'humiliation.
8. Je n'ai pas d'ami proche ou seulement un.
9. Je suis incapable de prendre une décision dans la vie quotidienne sans être rassuré ou conseillé par les autres.
10. Je ne peux achever un projet tant que mes exigences personnelles ne sont pas satisfaites.
11. J'ai tendance à remettre au lendemain les corvées.
12. J'ai déjà utilisé la violence physique pour m'imposer.

13. Je vais souvent vers des gens qui me déçoivent.
14. Il m'arrive de mettre en doute, sans motif valable, l'honnêteté de mes amis.
15. Je préfère presque toujours les activités solitaires.
16. Je me sens très gêné socialement quand j'ai affaire à des inconnus.
17. Enfant (moins de 15 ans), j'ai fugué (au moins deux fois) le domicile de mes parents.
18. J'ai déjà volé dans un magasin (ou fait les poches de mes parents).
19. Pour moi, il est extrêmement important de plaire physiquement.
20. Je trouve normal d'utiliser les autres pour obtenir ce que je veux.
21. Je me sens socialement inapte et indésirable dans toutes les situations.
22. Je préfère laisser les autres prendre les décisions importantes me concernant (par exemple : où habiter, quel emploi prendre...).
23. Je suis souvent tellement préoccupé par des détails que je perds de vue le but principal de mes activités.
24. Je boude, je m'énerve ou j'ergote quand on me demande de faire des choses que je n'ai pas envie de faire.
25. Il m'est arrivé d'humilier quelqu'un devant tout le monde.
26. Je ne laisse pas les autres m'aider.
27. Je pense qu'il n'y a pas de réflexions ou d'événements anodins.
28. Je ne me mets jamais, ou très rarement, en colère.
29. Je crois que j'ai un « sixième sens », certains pouvoirs...
30. Enfant, j'ai souvent été à l'origine de bagarres.
31. Je change fréquemment (plusieurs fois dans la journée) d'humeur.

32. Je sanglote souvent d'une manière incontrôlable.
33. Je pense que si les autres ne montrent pas le respect qui m'est dû, ils méritent d'être punis.
34. Je préfère éviter les activités sociales et professionnelles qui entraînent beaucoup de contacts avec les autres.
35. Je me montre facilement « d'accord » avec les gens, même quand je pense qu'ils ont tort.
36. J'exige des autres qu'ils fassent les choses à ma manière et pas autrement.
37. Je fais mal (ou très lentement) tout ce que je n'ai pas vraiment envie de faire.
38. Il m'est arrivé de punir très durement quelqu'un qui dépendait de moi.
39. Je me sens fréquemment déprimé, coupable ou mal à l'aise après un événement heureux.
40. Je suis particulièrement rancunier.
41. J'ai peu ou pas de désirs sexuels.
42. J'ai déjà éprouvé des sensations sortant de l'ordinaire (par exemple : être dans une pièce et sentir une « présence »).
43. Enfant (moins de 15 ans), j'ai parfois utilisé une « arme » pour me battre.
44. Je pique fréquemment des crises de colère ou de mauvaise humeur.
45. Je me sens mal à l'aise quand je ne suis pas au centre de l'attention.
46. Je pense que seuls des êtres exceptionnels peuvent comprendre mes problèmes.
47. En société, j'ai souvent peur de répondre « à côté » ou de dire des bêtises.
48. J'ai du mal à faire des projets ou les choses tout seul.
49. Je consacre l'essentiel de mon temps à mon travail.
50. Je trouve souvent que les autres sont trop exigeants avec moi.

51. Je peux éprouver du plaisir en voyant les autres souffrir.
52. Je provoque souvent chez les autres des réactions de colère ou de rejet.
53. Je n'aime pas me confier parce que cela pourrait être utilisé contre moi.
54. Les compliments et les critiques me laissent plutôt indifférent.
55. Les autres pensent souvent que j'ai un comportement ou un aspect bizarre.
56. Enfant (moins de 15 ans), j'ai forcé quelqu'un à des actes sexuels.
57. J'ai fait une tentative de suicide.
58. Je suis très versatile dans l'expression de mes émotions.
59. Du fait de ma supériorité, je suis en droit d'obtenir un traitement de faveur et des privilèges.
60. L'idée de rougir, de pleurer ou de montrer des signes d'anxiété devant d'autres personnes me gêne terriblement.
61. Dans mon travail ou à la maison, je suis souvent volontaire pour les corvées.
62. J'ai tendance à éviter de prendre des décisions, à repousser au lendemain.
63. J'évite souvent mes obligations en prétextant les avoir « oubliées ».
64. J'ai déjà menti uniquement pour blesser ou faire souffrir quelqu'un.
65. J'ai du mal à reconnaître que quelque chose ou quelqu'un me procure du plaisir.
66. Je dois rester en permanence sur mes gardes.
67. Je n'ai pas de confident (ou seulement un) à part mes parents.
68. Enfant, je me suis plus d'une fois montré cruel avec des animaux.

69. Je me pose souvent des questions sur mon identité personnelle, sexuelle ou professionnelle.
70. Si j'amuse les autres, ils ne remarqueront pas mes faiblesses.
71. Je pense que les choses me sont dues.
72. J'ai tendance à exagérer les difficultés, les risques, dès que je sors de la routine.
73. J'ai du mal à supporter la solitude.
74. Je suis très strict sur les questions de morale, d'éthique ou de valeurs.
75. Je pense travailler beaucoup mieux que les autres ne le croient.
76. J'ai déjà eu recours à l'intimidation pour obliger les autres à faire ce que je veux.
77. J'ai tendance à ne pas faire tout ce qu'il faut pour réaliser mes objectifs.
78. Je doute souvent, sans raison valable, de la fidélité de mes partenaires sexuels.
79. Je suis très distant, froid, dans mes relations avec les autres.
80. J'ai souvent l'impression d'être un extraterrestre dans un environnement effrayant.
81. Enfant (moins de 15 ans), il m'est arrivé de me montrer cruel physiquement avec d'autres personnes.
82. J'éprouve fréquemment des sentiments d'ennui ou de vide.
83. Pour être heureux, j'ai besoin que les autres fassent attention à moi.
84. Je déteste quand on ne me fait pas de compliments.
85. Je me sens anéanti quand une relation avec un proche s'interrompt.
86. Sentimentalement, je ne suis pas très démonstratif.
87. Je me vexe quand on me suggère d'être plus efficace.

88. J'ai déjà interdit à un proche (pas un enfant) de faire ce qu'il voulait.
89. J'ai tendance à repousser les gens qui me veulent du bien.
90. Je ne suis pas très aimable dans mes relations avec les autres.
91. Enfant, j'ai déjà détruit exprès quelque chose qui appartenait à quelqu'un d'autre.
92. Je peux faire d'immenses efforts pour éviter d'être abandonné.
93. Je n'ai rien à faire de règles qui ne s'appliquent qu'aux autres.
94. J'ai souvent peur d'être quitté, c'est la pire chose qu'il pourrait m'arriver.
95. Je suis avare de mon temps ou de mon argent si cela ne doit pas me rapporter quelque chose.
96. J'ai tendance à gêner parfois les efforts des autres en ne faisant pas ma part de travail.
97. Je suis fasciné par la violence, les arts martiaux, les armes.
98. Je me sacrifie souvent pour des personnes qui ne m'ont rien demandé.
99. Je pense que les autres ont toujours des motivations cachées.
100. Enfant, j'ai plusieurs fois (au moins une) mis le feu volontairement.
101. J'éprouve fréquemment des sentiments d'envie ou de jalousie.
102. Je me sens très vite blessé quand je suis critiqué ou désapprouvé.
103. J'ai du mal à jeter les objets usés ou sans valeur même quand ils n'ont pas d'importance sentimentale pour moi.

104. J'ai tendance à critiquer, sans raison valable, les gens qui occupent des postes de direction.
105. J'ai pris l'habitude de mentir tout le temps quand j'étais enfant.
106. Si je ne profite pas des gens, ce sont eux qui profiteront de moi en premier.
107. J'aime bien avoir un aspect, un comportement, sexuellement provocant.
108. Je me souviens rarement de mes rêves.

Comment analyser vos réponses ?

Vos réponses à ce questionnaire vous permettent d'établir votre profil de personnalité en fonction de différents traits psychologiques. Ne soyez pas étonné si vous vous retrouvez dans des personnalités différentes. C'est normal. De fait, nous avons tous des traits de plusieurs types.

Votre personnalité peut être une combinaison de plusieurs types principaux (un dominant, appelé majeure, et un ou des types moins importants, des mineures). Alors, reportez-vous aux différents paragraphes correspondants.

À noter : les majeures et les mineures sont généralement dans le même groupe. Par exemple, on voit rarement une majeure « narcissique » (groupe B) avec une mineure « évitante » (groupe C).

Vous êtes évidemment d'autant plus caractérisé par telle ou telle personnalité que vous cumulez, dans une série donnée, les réponses positives.

Quel est votre profil de personnalité ?

Vous avez répondu « oui » à :

- Au moins *quatre* des affirmations n°s 1, 14, 27, 40, 53, 66, 78
  Votre profil : paranoïaque
- Au moins *quatre* des affirmations n°s 2, 15, 28, 41, 54, 67, 79
  Votre profil : schizoïde
- Au moins *cinq* des affirmations n°s 3, 16, 29, 42, 55, 67, 80, 90, 99
  Votre profil : schizotypique
- Au moins *trois* des affirmations n°s 4, 17, 30, 43, 56, 68, 81, 91, 100, 105, 106
  Votre profil : antisocial
- Au moins *cinq* des affirmations n°s 5, 18, 31, 44, 57, 69, 82, 92
  Votre profil : limite
- Au moins *quatre* des affirmations n°s 6, 19, 32, 45, 58, 70, 83, 107
  Votre profil : histrionique
- Au moins *cinq* des affirmations n°s 7, 20, 33, 46, 59, 71, 84, 93, 101
  Votre profil : narcissique
- Au moins *quatre* des affirmations n°s 8, 21, 34, 47, 60, 72, 102
  Votre profil : évitant
- Au moins *cinq* des affirmations n°s 9, 22, 35, 48, 61, 73, 85, 94, 102
  Votre profil : dépendant
- Au moins *cinq* des affirmations n°s 10, 23, 36, 49, 62, 74, 86, 95, 103
  Votre profil : obsessionnel-compulsif

- Au moins *cinq* des affirmations n°s 11, 24, 37, 50, 63, 75, 87, 96, 104
  Votre profil : passif-agressif
- Au moins *quatre* des affirmations n°s 12, 25, 38, 51, 64, 76, 88, 97
  Votre profil : sadique
- Au moins *cinq* des affirmations n°s 13, 26, 39, 52, 65, 77, 89, 98
  Votre profil : à conduite d'échec

À noter : l'affirmation 67 est commune à deux profils (schizoïde et schizotypique), la 108 n'est pas prise en compte (elle est non signifiante) dans le dépouillement du test.

« Est-ce que je suis normal ? »

Qui est normal ? Qui ne l'est pas ? En fonction de quelles normes sociales, culturelles ? C'est évidemment bien subjectif. Personne n'est parfait. Nous avons tous heureusement des petites tendances qui font l'originalité (et le charme) de notre personnalité. Sont-elles innées ou acquises ? Au fond, cela n'a pas d'importance tant qu'elles ne nous empêchent pas d'aimer et/ou de travailler (la frontière entre le normal et le pathologique est là !). Il n'y a pas en soi de personnalité meilleure qu'une autre. Chacune a ses qualités et ses défauts. Cela étant, certaines personnalités (notamment schizotypique, antisociale et limite), quand elles sont trop marquées, sont moins adaptées au monde actuel et plus susceptibles de se transformer en cas pathologiques.

La personnalité paranoïaque

« Les autres sont des ennemis potentiels… »

Caractéristique essentielle : une méfiance soupçonneuse envers les autres dont les intentions sont interprétées, et cela sans raison valable, comme systématiquement malveillantes, délibérément humiliantes ou menaçantes (entre 0,4 % et 7 % de la population générale selon les études).

Ses principales qualités : le sérieux, la compétence, l'ambition, l'énergie, l'hyper-vigilance, le sang-froid.

Ses plus : l'autonomie, un sens de l'observation très fin, le goût du secret, des procédures, le sens des relations hiérarchiques, l'intérêt pour les engins mécaniques, l'électronique, l'automation (peu de goût pour l'art).

Difficultés : la difficulté d'intégration (égocentrisme) dans un groupe (social, professionnel, familial…), à moins d'être en position dominante. Sur le plan relationnel : la froideur, le manque d'humour, de tendresse, de sentimentalité, la méfiance dans les relations interindividuelles, la mise en doute de la fidélité (jalousie pathologique), de la loyauté ou de l'honnêteté des partenaires (conjoint, enfants, amis, associés, collaborateurs…), le refus des critiques, des compromis, l'obstination (hostilité, manipulation, rancune).

La personnalité schizoïde

« Laissez-moi seul… »

Caractéristique essentielle : l'indifférence aux relations sociales et intrafamiliales (ce sont des « solitaires ») et la froideur émotionnelle dans les rapports avec autrui (entre 0,7 % et 5 % de la population générale selon les études).

Ses principales qualités : la discrétion, la réserve, la stabilité émotionnelle (indifférence aux éloges comme aux critiques), le recul par rapport aux événements, aux situations.

Ses plus : de bonnes performances dans toutes les situations qui requièrent l'isolement, un travail solitaire.

Difficultés : la limitation des relations avec les autres dans le domaine privé ou social, le manque d'entregent, de désir sexuel (indifférence chez les hommes, passivité chez les femmes), de convivialité..., le flou dans les objectifs personnels, l'indécision dans l'action et dans les situations d'urgence.

La personnalité schizotypique
« Le monde et les autres sont étranges... »
Caractéristique essentielle : un manque d'adaptation dans les relations avec les autres (de 3 % à 4,9 % de la population générale selon les études), qui se manifeste par des comportements et des aspects singuliers ou excentriques, des croyances bizarres (ou pensée magique), une pauvreté des affects.
Caractéristiques associées : souvent des tendances anxieuses, dépressives, et des traits de personnalité limite.
Handicaps : la perturbation des mécanismes intellectuels (pensée dominée par le sentiment de persécution, confusion des idées...), des croyances bizarres (superstitions, voyance, télépathie, « sixième sens »...), la singularité de l'aspect (apparence négligée, excentrique), du comportement (attitudes et gestes stéréotypés), du langage (emploi des mots dans un sens inhabituel), l'incapacité d'intégration sociale et professionnelle.

La personnalité antisociale
« J'ai droit à ce que je veux... »
Caractéristique essentielle : mépris et transgression des règles et des droits d'autrui, exploitation sans vergogne des autres (4 % en moyenne de la population générale, cinq fois plus fréquent chez les hommes).
Handicaps : l'incapacité à assumer des responsabilités (parentales, financières...), à conserver une activité

professionnelle régulière, à se conformer aux normes sociales (actes délictueux, activités illégales), des comportements agressifs (coups et blessures sur conjoint, enfant, bagarres), imprudents (sexualité à risques, conduite en état d'ivresse, excès de vitesse, consommation excessive de « drogues »...). **Facteurs prédisposants :** souvent des mauvais traitements pendant l'enfance, une absence de références parentales, des antécédents avant l'âge de 15 ans (vols, vandalisme, bagarres, fugues...).

La personnalité limite (ou borderline)
« Personne ne me comprend... »
Caractéristique essentielle : l'instabilité relationnelle et affective avec une impulsivité importante et une image de soi instable conduisant fréquemment à des conduites autodestructrices (de 1 à 4 % de la population générale).
Caractéristiques associées : des traits de personnalité schizotypique, histrionique, narcissique et antisociale.
Handicaps : les doutes concernant la préférence sexuelle, les choix personnels (système de valeurs, amitiés, partenaires...), des incertitudes quant à l'avenir (objectifs à long terme, carrière...). Sur le plan personnel : une instabilité affective (changements rapides d'humeur, accès de colère, de dépression, d'anxiété), des sentiments chroniques de vide, d'ennui ou d'abandon. Sur le plan des relations : des excès (alternance d'idéalisation et de dévalorisation excessives), un manque de contrôle émotionnel, notamment de l'agressivité. Sur le plan des attitudes : des comportements impulsifs et dangereux (dépenses excessives, abus de « drogues », boulimies, conduites suicidaires...).

La personnalité histrionique (ou hystérique)
« Remarquez-moi ! »
Caractéristique essentielle : l'émotivité excessive et la quête permanente d'attention, d'éloges (2 % de la population).
Ses principales qualités : la vivacité, la capacité à être en représentation, à jouer un rôle de « victime » ou de « princesse »), l'intuition, l'imagination, la recherche de la nouveauté, la force de conviction, le goût et la facilité des contacts.
Ses plus : la créativité, le charme, la séduction, l'enthousiasme, le goût pour l'esthétique, les dons artistiques (sens du romanesque).
Difficultés : le peu ou l'absence de tolérance à la frustration (recherche de satisfactions, de résultats immédiats), à la routine (besoin de stimulation, de sensations fortes). Sur le plan personnel : la dramatisation des problèmes (personnels, amoureux, professionnels...), le besoin permanent d'être rassuré (sentiments d'impuissance, de dépendance), d'approbations et de gratifications. Sur le plan professionnel : le peu d'intérêt pour les performances intellectuelles, le manque de rigueur, de persévérance, de jugement (influencé par les autres, les modes...), et le manque de résistance au stress (troubles de santé).

La personnalité narcissique
« Je suis quelqu'un d'exceptionnel... »
Caractéristique essentielle : le sentiment de supériorité par rapport aux autres, le besoin d'être admiré et le manque d'empathie (capacité à reconnaître et ressentir ce que les autres éprouvent). Prévalence : 0,4 % de la population générale .
Caractéristiques associées : souvent des traits de personnalité histrionique, limite et antisociale.

Ses principales qualités : l'ambition (pouvoir, beauté, amour idéal...), la recherche de la performance et de l'excellence (scolaire, sportive, professionnelle, sexuelle...), la motivation (besoin de réussir).
Ses plus : les capacités d'affirmation personnelle, le désir de succès (amoureux, professionnel...).
Difficultés : la surestimation fréquente des capacités et des réalisations (sentiments que les choses lui sont dues, jalousie et envie pour ceux qui réussissent mieux) et la poursuite d'objectifs irréalistes. Sur le plan relationnel : la tendance à exploiter les autres (pour se faire valoir, parvenir à ses fins), l'incapacité à négocier dans les situations conflictuelles (réactions de rage), le manque de résistance à l'échec (sentiments d'humiliation).

La personnalité évitante (ou phobique, timide)
« Je ne vaux pas grand-chose... »
Caractéristique essentielle : la timidité et la gêne dans les relations sociales, le sentiment de ne pas être à la hauteur et une sensibilité excessive au jugement des autres (1 % de la population générale).
Caractéristiques associées : des sentiments fréquents de dépression, d'anxiété ou de colère contre soi-même à cause de l'incapacité de nouer des relations sociales. Parfois des phobies particulières.
Ses principales qualités : la discrétion, la retenue, la stabilité des investissements affectifs, professionnels, des facilités pour vivre et travailler d'une manière méthodique, accepter des directives, suivre des consignes, exécuter des ordres.
Ses plus : l'autonomie (capacité à vivre et à travailler seul), une très bonne adaptation à la routine.
Difficultés : le manque d'aisance dans les contacts (peur de rougir, de montrer des signes d'anxiété, de dire des choses stupides...), pour s'affirmer dans un groupe social (peur

de la désapprobation), professionnel (peur de la critique), la réticence pour se lier aux autres (à moins d'être certain d'être aimé), l'inadaptation aux changements (exagération des risques et des difficultés potentielles).

La personnalité dépendante (ou soumise)
« Je suis faible et incapable de me débrouiller seul… »
Caractéristique essentielle : un comportement soumis lié à un besoin excessif d'être pris en charge (1,5 % de la population générale, plus fréquent chez les femmes que chez les hommes).
Caractéristiques associées : souvent des traits de personnalité évitante, histrionique, schizotypique ou narcissique.
Ses principales qualités : des facilités pour recevoir des conseils, accepter des directives, suivre des consignes, exécuter des ordres, rendre des comptes, déléguer des responsabilités, aider les autres, nouer des contacts, s'impliquer dans des relations.
Ses plus : la motivation, la capacité d'engagement dans une relation (sentimentale, amoureuse…), un groupe (familial, social, professionnel…).
Difficultés : le manque d'autonomie (incapacité à vivre et à faire les choses seul), de confiance en soi (besoin permanent d'être rassuré), de décision (se laisse dominer), la dépréciation des capacités et des qualités personnelles, la peur d'être rejeté, abandonné.

La personnalité obsessionnelle-compulsive
« Je n'ai pas le droit à l'erreur… »
Caractéristique essentielle : l'exigence d'ordre, de perfection, de contrôle (entre 2 % et 4 % de la population générale selon les études, plus fréquente chez les hommes que chez les femmes).

Caractéristiques associées : fréquemment des sentiments dépressifs, de colère (souvent non exprimés).
Ses principales qualités : la conscience morale, le sens des responsabilités, le respect de la loi, de la règle, des procédures, la capacité d'analyse (idées, situations), les facilités pour coordonner, organiser les activités, le travail des autres, diriger, donner des ordres.
Ses plus : la recherche de performance dans l'organisation et l'action (privée, sociale), l'implication dans le travail (sérieux, conscience professionnelle), la stabilité et la capacité d'investissement dans des projets à long terme, le sens de la compétition.
Difficultés : l'incapacité à prendre des décisions (peur de commettre une erreur), à se faire plaisir (dévouement excessif au travail) et à faire plaisir aux autres (manque de générosité, de manifestations de tendresse). Sur le plan des relations : incapacité à déléguer des responsabilités (les autres ne font jamais assez bien), à se remettre en question (convictions rigides, obstination), à faire des concessions (incapacité à « lâcher »), à s'adapter au changement (peur de ne pas tout contrôler).

La personnalité passive-agressive
« Les autres m'en demandent trop… »
Caractéristique essentielle : une forme de résistance passive à toutes sortes de demandes (de performances, d'amélioration…) dans les études, le travail, la vie privée, familiale…
Caractéristiques associées : souvent des traits de personnalité dépendante.
Ses principales qualités : la discrétion, la réserve, la stabilité, la persévérance, l'absence d'agressivité apparente, l'évitement des conflits dans la vie privée et sociale.
Ses plus : une très bonne résistance à l'échec et au stress.

Difficultés : le manque d'efficacité (tendance à tout remettre au lendemain, à perdre du temps), de fiabilité (« oubli » des obligations), l'insuffisance des motivations (pessimisme), de bonne volonté (mauvaise foi). Sur le plan des relations : l'intolérance aux suggestions (réactions d'amour-propre), les récriminations, la lenteur délibérée dans l'exécution des tâches (à la maison, au bureau...), les problèmes avec l'autorité (critique ou mépris des « supérieurs »).

La personnalité sadique
« Les autres sont des proies... »
Caractéristique essentielle : un mode général d'agressivité et de dévalorisation d'autrui (plus fréquent chez les hommes que chez les femmes).
Caractéristiques associées : souvent des traits de personnalité narcissique ou antisociale.
Ses principales qualités : les facilités pour s'affirmer à titre individuel ou social, commander, donner des ordres, coordonner, organiser les activités des autres, prendre des décisions, faire face aux conflits.
Ses plus : une grande puissance de travail, un sens aigu des rapports hiérarchiques, la confiance en soi, l'ambition, le goût du risque.
Difficultés : le manque d'empathie, de convivialité, l'autoritarisme, l'incapacité à aider ou soutenir les autres (dans la vie privée, sociale...), à mener des négociations (dans la vie professionnelle).

La personnalité à conduite d'échec
« Je ne mérite rien de bon... »
Caractéristique essentielle : un ensemble de conduites d'échec se manifestant dans la vie privée et socioprofessionnelle (ne fait pas ce qui est le mieux pour elle alors qu'elle en a les moyens).

Caractéristiques associées : souvent des traits de personnalité limite, dépendante, passive-agressive, obsessionnelle-compulsive et évitante.
Ses principales qualités : la conscience professionnelle, la puissance de travail, la facilité pour accepter, exécuter les ordres.
Ses plus : la facilité pour travailler en équipe, aider les autres, résister au stress.
Difficultés : le refus (repousse les tentatives des autres pour l'aider ou les rend inefficaces), le manque d'ambition (reste toujours au-dessous de ses capacités), de discernement (fait systématiquement des choix « malheureux »).

Chapitre 2

Affirmer sa différence

Pourquoi certains ont-ils des partis pris forts, deviennent-ils des leaders, des entrepreneurs, et d'autres se contentent-ils de suivre ? Pourquoi certains gardent-ils le cap en dépit des événements, des obstacles, et d'autres cèdent-ils aux premières difficultés ou se laissent-ils facilement entraîner dans des situations qu'ils subiront et dont finalement ils pâtiront ? C'est une question de caractère.

C'est quoi le caractère ?

Notre caractère résume la manière dont nous réagissons habituellement dans une situation donnée. On dit alors qu'on possède tel ou tel trait de caractère. Par exemple, généreux si on aime faire plaisir aux autres ; rancunier, si on leur tient rigueur de leurs erreurs...

Traditionnellement, on distingue entre les caractères le fort et le faible (dans les réactions aux événements), le bon et le mauvais (dans les rapports aux autres). Mais aujourd'hui, ces distinctions, même si elles peuvent rester pertinentes dans le quotidien, sont secondaires. Il n'y a pas de caractère plus valable qu'un autre dans l'absolu. L'essentiel, c'est la bonne adéquation entre le caractère que l'on a et ce qu'on fait. Exemple : il vaut mieux avoir un caractère extraverti pour être un commercial ou tenir une boutique ; en revanche, un caractère plus méfiant sera plus adapté pour faire du contrôle aérien ou de l'investigation policière.

Pourquoi affirmer sa différence ?

On ne réussit pas en se faisant passer aux yeux des autres (ou aux siens) pour ce que l'on n'est pas. Quoi que nous fassions, quels que soient nos choix, l'essentiel, c'est d'être en accord avec eux.

On le voit bien, par exemple, dans le monde du travail. Compétences plus nombreuses, « marché » de l'emploi plus concurrentiel : les entreprises sont beaucoup plus exigeantes quand elles sélectionnent. Elles connaissent mieux leurs besoins en ressources humaines. Et si certains critères objectifs, les diplômes, l'expérience, sont incontournables, aujourd'hui la personnalité d'un candidat compte autant, sinon plus, que sa technicité. Les chefs d'entreprise sont plus sensibles qu'ils ne l'étaient dans le passé aux caractères. À qualifications, compétences égales, ils ont tendance à privilégier les qualités humaines. La règle anglo-saxonne : *« The right man to the right place »* (littéralement, « la bonne personne à la bonne place ») résume la philosophie actuelle des recruteurs. Quand ils pensent à une embauche ou une promotion, ils recherchent en priorité la meilleure adéquation caractère/compétences.

Ce qui vaut pour les entreprises vaut pour vous. En quelque sorte, vous êtes votre propre recruteur. Pour réussir (dans vos études, votre travail, la vie...), vous devez trouver la bonne adéquation profil/activité.

Quel est votre profil de caractère ?

Comment évaluer votre profil ? Sur quels critères vous juger ? Au début du XXe siècle, deux psychologues cliniciens, Heymans et Wiersma, adressent des questionnaires à trois mille médecins hollandais et allemands : quatre-vingt-dix questions très précises (réponse par oui ou non) qu'ils demandent de poser aux patients et à leur famille. Objectif de l'étude : déterminer toutes les composantes du caractère. À l'issue de cette formidable enquête qui prend des années, Heymans et Wiersma mettent en évidence trois facteurs fondamentaux du caractère : l'émotivité (émotif / non émotif), l'activité (réactif/proactif) et l'orientation de la personnalité (extraverti/introverti). Analysant la répartition de ces facteurs, leurs proportions relatives, dans la population étudiée, ils définissent huit grands types de caractère. Ces types ne prétendent pas épuiser toute la richesse et la diversité d'un être humain, mais ils représentent une bonne différenciation des profils individuels. Validée en France par les travaux de Le Senne, et après lui de Gaston Berger, cette typologie constitue, aujourd'hui, pour la plupart des spécialistes des ressources humaines le système le plus abouti de définition du caractère. Elle a déjà fait l'objet d'un développement important dans le *Manuel de manipulation* (Gilles Azzopardi, Éditions First, 2008).

Voici une série d'affirmations plus ou moins contradictoires. Cochez chaque fois celle (*a* ou *b*) qui vous semble le mieux correspondre à votre personnalité.

1/ a. Je prends tout très à cœur, même les petites choses sans importance ou qui ne me concernent pas directement. Δ
b. Je suis assez distancié par rapport aux événements en général ; je ne suis ému que quand c'est important ou grave. ○
2/ a. Je tiens à mes habitudes ; je n'aime pas l'imprévu. ■
b. Je déteste tout ce qui est routinier, prévu d'avance. ▲
3/ a. Je m'indigne facilement devant une injustice, même si je ne suis pas directement concerné. Δ
b. J'ai tendance à accepter les choses comme elles sont, même quand elles me contrarient personnellement. ○
4/ a. Je suis plutôt remuant : j'ai du mal à rester assis derrière mon bureau. ❑
b. Je suis plutôt calme ; je ne cours pas tout le temps d'un bureau à l'autre. ❖
5/ a. Je ne supporte pas le désordre. ■
b. Un peu de désordre ne me dérange pas outre mesure. ▲
6/ a. Je me montre très anxieux devant les changements (réorganisation, rachat, fusion, absorption, etc.). Δ
b. Je suis plutôt impatient de changer. ○
7/ a. Dans mon travail comme dans ma vie, je cherche à me conformer à mes principes. ■
b. Je préfère m'adapter aux circonstances. ▲
8/ a. Je change fréquemment d'humeur sans raison apparente. Δ
b. Je suis la plupart du temps d'humeur plutôt égale. ○
9/ a. Je m'inquiète souvent pour des choses sans importance. Δ
b. Je me fais rarement du souci. ○
10/ a. Je donne souvent l'impression d'être malheureux. Δ
b. J'ai l'air plutôt content de mon sort. ○

11/ a. J'ai du mal à rester inactif même quand je n'ai rien à faire ; j'ai toujours besoin de m'occuper. ❑
b. Je peux rester des heures à rêvasser quand je n'ai rien d'urgent à faire. ❖
12/ a. Je me soucie toujours des conséquences lointaines de mes décisions. ■
b. Je m'intéresse d'abord aux résultats immédiats. ▲
13/ a. J'ai souvent du mal à concrétiser mes idées, à passer à l'acte, même quand j'ai pris une décision. ❑
b. Je n'ai pas de difficulté pour faire ce que j'ai décidé ; je n'attends pas pour agir. ❖
14/ a. Je fais souvent des plans, des listes, des programmes (emploi du temps, activités, loisirs). ■
b. J'agis plutôt sans règle précise, en fonction des circonstances et de mon humeur du moment. ▲
15/ a. Je parle souvent de ce qui a été ou aurait pu être. ❑
b. Je préfère agir, faire des projets, préparer l'avenir. ❖
16/ a. Je vais toujours jusqu'au bout de ce que j'ai commencé. ■
b. J'ai tendance à ne pas finir les choses. ▲
17/ a. Quand je dois faire quelque chose, je le fais tout de suite. ❑
b. J'ai souvent tendance à remettre les choses au lendemain. ❖
18/ a. J'ai tendance à me décourager vite en cas de difficultés. ❑
b. Je suis plutôt stimulé par les difficultés. ❖
19/ a. Je me décide toujours très rapidement, même dans les cas difficiles. ❑
b. J'ai souvent du mal à prendre des décisions, même pour des choses simples. ❖
20/ a. Je ne recule pas devant l'effort quand je pense que cela peut améliorer les choses. ❑

b. Je me contente du statu quo quand un changement demande trop de travail. ❖

21/a. Je suis très susceptible. J'ai du mal à supporter les critiques, même quand elles sont fondées. Δ

b. J'accepte plutôt bien les critiques, surtout quand elles sont constructives. O

22/a. Quand je demande à quelqu'un de faire quelque chose, je ne peux pas m'empêcher d'être sur son dos pour veiller à ce que tout soit bien fait comme il faut. ❑

b. Quand je délègue, je n'y pense plus ; je fais confiance (jusqu'à preuve du contraire). ❖

23/a. J'ai tendance à perdre mes moyens quand je suis embarrassé. Δ

b. Je ne me trouble pas facilement, même quand je suis dans une position un peu difficile. O

24/a. Je décroche vite quand je dois me contenter d'écouter sans rien faire. ❑

b. Je reste attentif même quand cela dure longtemps. ❖

25/a. Je monte souvent le ton. Δ

b. Je parle presque toujours de façon calme et posée. O

26/a. J'ai souvent le trac quand je dois parler en public. Δ

b. J'ai rarement le trac. O

27/a. Quand je dois m'absenter, je laisse des consignes strictes. ■

b. Je m'en remets beaucoup à ceux qui restent. ▲

28/a. Je suis très stable dans mes sympathies (ou mes inimitiés). ■

b. Je change tout le temps d'avis sur les gens. ▲

29/a. Après une dispute, j'ai du mal à passer l'éponge ; je suis plutôt rancunier. ■

b. Je n'y pense plus ; je ne suis pas spécialement rancunier. ▲

30/ a. J'ai des idées, des opinions très arrêtées ; j'ai du mal à changer d'avis, je m'entête facilement. ■

b. J'ai mes opinions, mais je suis très ouvert ; je me laisse facilement convaincre ou séduire par la nouveauté d'une idée. ▲

Comment analyser vos résultats ?

Comptez les différents symboles que vous avez obtenus et reportez-vous au profil correspondant (ou aux profils correspondants en cas d'égalité entre deux symboles).

Le profil △ ❑ ▲ (émotif-proactif-extraverti) : « fonceur »
Votre valeur dominante : le besoin d'action.
Toujours en mouvement, vous avez besoin de tension pour vous sentir vivre, donner le meilleur de vous-même. Vos réactions émotionnelles sont fréquentes, très vives (vous piquez des crises pour un rien), mais peu durables. Optimiste, de bonne humeur, vous manquez souvent de retenue (trop démonstratif, exubérant, enthousiaste, excessif, audacieux). N'hésitant jamais, décidant rapidement (revers de la médaille : vous n'admettez pas que vous pouvez vous tromper), vous êtes souvent un meneur.

Votre force
Socialement, vous ne doutez de rien (tout vous est possible, vous ne voyez pas l'obstacle...). Du coup, vous réussissez souvent (grâce au culot, en surprenant, en intimidant...) là où d'autres n'oseraient même pas essayer. Trois mois de formation vous suffisent pour vous prendre pour un pro du management ou du multimédia et pour en convaincre les autres.

Pour vous donner à fond
En apparence, vous êtes un battant, armé pour la compétition. Mais vos succès doivent toujours beaucoup à la chance ou à la faiblesse des autres. Votre audace est plus de l'impulsivité qu'une vraie preuve de volonté. Et souvent de l'imprudence : vous jouez un peu trop avec le feu ou vos nerfs. Apprenez à être patient (au lieu de décider et d'agir vite parce que vous ne savez pas attendre), à être prudent (au lieu de prendre des risques inutiles).

La bonne attitude avec vous
Prendre des gants : vous détestez être contrarié, devoir attendre ou entendre quelqu'un vous dire non. Et éviter les rapports de force : loin de vous abattre, les désaccords et conflits vous stimulent et vous permettent d'imposer encore plus votre autorité. Donc ne jamais rien vous proposer qui ressemble à un choix radical, à des menaces ou à un ultimatum (« ou... ou... »). Non seulement vous vous croyez toujours assez fort pour gagner sur tous les tableaux, mais en cas d'obstacle, vous avez tendance à foncer (tant pis si cela doit provoquer un clash).

Le profil Δ ❑ ■ (émotif-proactif-introverti) : « dominateur »
Votre valeur dominante : l'objectif à atteindre.
Ultra-accrocheur, très concentré, vous êtes particulièrement armé pour la compétition sociale (ou amoureuse). Dominateur, apte au commandement, vous avez tendance à considérer la vie comme un parcours du combattant (jusqu'à présent, vous n'avez jamais fléchi). Ambitieux, vous ne rechignez pas à l'effort, et plus les enjeux sont élevés (vous avez le bon sens de ne pas tenter l'impossible), plus vous êtes tenace.

Votre force
Une volonté très bien canalisée (la plupart du temps). Vous savez ce que vous voulez, vous pouvez cibler des objectifs, vous fixer des étapes (à moyen et long terme), et vous prenez le temps nécessaire. Vous allez toujours jusqu'au bout de vos projets, quitte à supporter ou à encaisser beaucoup (rien ne vous abat jamais très longtemps).

Pour être plus efficace
Ancré dans vos décisions, vos choix, vous perdez en efficacité quand vous devez vous adapter (dans l'urgence), improviser (face à l'imprévu). Dès que votre programme est chamboulé (par les événements, les autres...), vous perdez vos points de repère et vous avez tendance à vous arrêter sur la difficulté. Apprenez à vous adapter (au lieu de vous obstiner contre vents et marées), à contourner les obstacles (au lieu de les prendre de front).

La bonne attitude avec vous
L'enthousiasme. Vous êtes quelqu'un qui s'engage à fond dans ce qu'il fait (vous pouvez même être parfois très monomaniaque ou obsessionnel) et vous ne supportez pas qu'il n'en soit pas ainsi pour les autres. Vous détestez les mous, les tièdes, les faibles, le manque de motivation, la paresse, le renoncement.

Le profil △ ❖ ▲ (émotif-réactif-extraverti) : « impulsif »
Votre valeur dominante : le besoin de changement.
Très changeant d'humeurs, d'idées, vous êtes un instable : peu constant dans vos affections (vite séduit, vite consolé), irrégulier dans votre travail (ne faisant que ce qui lui plaît). Vous avez du mal à vous organiser, à prendre des habitudes, suivre une routine. Vous avez sans cesse besoin de

stimulations, de nouveauté, pour vous arracher à l'inactivité et à l'ennui.

Votre force
La mobilité (des émotions, des sentiments, des idées), l'aptitude au changement (vous vous adaptez sans difficulté à des situations, des activités, des milieux différents). Peu attaché aux choses et aux gens, vous ne souffrez pas beaucoup quand vous les perdez.

Pour être plus combatif
Soyez moins indécis : confronté à un choix simple, vous passez des heures à peser le pour et le contre. Et ne cherchez pas tout le temps (vous les trouvez) de bonnes raisons pour ne pas agir.

La bonne attitude avec vous
Éviter les pressions. Trop de contraintes du monde extérieur, de problèmes, de complications, vous avez tendance à vous défiler : vous vous enfermez dans votre bureau, vos comptes, vous vous inventez des obligations extérieures pour disparaître. Au fond, vous n'êtes pas très adapté à la vie collective ; vous avez besoin de solitude pour vous ressourcer.

Le profil Δ ❖ ■ (émotif-réactif-introverti) : « affectif »
Votre valeur dominante : l'autopréservation.
Ultrasensible aux événements extérieurs (vous êtes un introverti, un timide), vous êtes vite atteint dans vos humeurs, vos sentiments. Souvent mélancolique, anxieux ou mécontent de vous-même, vous avez tendance à ruminer le passé. Peu à l'aise en société (n'ayant ni le contact ni la parole facile), vous renoncez facilement en cas de difficulté.

Votre force
Votre bonne volonté (vous cherchez toujours à bien faire), votre sérieux (vous faites souvent davantage et mieux que les autres), votre loyauté (pas de coup bas).

Pour être plus performant
Faites-vous plus confiance. Oubliez vos sentiments d'infériorité ou de culpabilité et décoincez-vous. Au début, vous serez sans doute un peu maladroit, mais, très vite, vous saurez ce qui est bien pour vous et vous trouverez les attitudes justes (dans vos rapports avec les autres).

La bonne attitude avec vous
Vous rassurer (sur les événements, les intentions, les projets, l'avenir, etc.), car au fond, vous n'êtes pas fait pour l'action (trop grosse de risques possibles), les changements. Vous avez une personnalité plutôt anxieuse : vous avez besoin de situations et de relations stables et durables.

Le profil ○ ❑ ▲ (non émotif - proactif - extraverti) : « ambitieux »
Sa valeur dominante : le succès social.
Vous voulez beaucoup, vous voyez parfois grand (toujours dans vos cordes), mais vous ne vous attendez pas à ce que les cailles vous tombent toutes rôties dans les crocs : vous êtes bûcheur (continuellement occupé), entreprenant. Assez opportuniste aussi (tirant rapidement parti des circonstances) et très sociable (un extraverti qui adore les mondanités), vous êtes très relationnel (bon observateur, poli, spirituel, diplomate).

Votre force
Ne jamais prendre les problèmes de front. Beaucoup de réflexion avant d'agir, de circonspection ensuite. Vous savez

placer vos pions, prévoir les réactions, anticiper (toujours des scénarios de rechange pour vous adapter).

Pour être mieux perçu
Soyez plus spontané. Vous prenez souvent des moyens très détournés pour obtenir les choses, alors que ce serait beaucoup plus simple de les demander. Résultat : vous passez pour un manipulateur, quelqu'un d'intéressé.

La bonne attitude avec vous
S'adapter au fur et à mesure que les choses évoluent (ne rien prendre au premier degré, ne rien considérer comme acquis). Pour vous, tout (les problèmes, les difficultés, les conflits) est d'abord un prétexte au jeu et à la débrouille (voire à l'embrouille).

Le profil ○ ❑ ■ (non émotif – proactif - introverti) : « psychorigide »
Votre valeur dominante : le respect des règles.
Respectueux des principes, pondéré, vous n'agissez jamais à la légère. Des réticences avant de vous engager (peu d'emballement), mais après c'est du sûr, de l'inébranlable : vous êtes aussi tenace que patient. Pour vous, une décision, une promesse (faite à vous-même ou aux autres), c'est sacré. Pas question de ne pas la tenir, de faire un caprice.

Votre force
L'inébranlable fermeté de vos convictions. Rien ne peut vous détourner de vos objectifs. Ni les difficultés (vous trouvez les moyens), ni le manque de soutien des autres (vous assumez vos responsabilités), ni les revers (vous récupérez vite après un échec).

Pour être plus efficace
En restant fidèle (envers et contre tout) à votre première décision, vous en devenez parfois esclave. Vous pouvez changer vos plans (quand c'est plus réaliste, plus profitable) sans vous sentir (inconsciemment) coupable ou menacé.

La bonne attitude avec vous
L'objectivité. Vous êtes quelqu'un qui prend des distances. Donc on doit dépassionner (approches, débats, problèmes, etc.) et montrer autant de sang-froid que vous en toutes circonstances, car vous êtes souvent persuadé que les autres sont faits à votre image.

Le profil ❍ ❖ ▲ (non émotif – réactif - extraverti) : « velléitaire »
Votre valeur dominante : la recherche du plaisir.
Beaucoup d'intention, de projets, qui restent au stade du velléitaire. Concrètement, vous manquez de suite dans les idées. Vous agissez sur un coup de tête (de cœur, de foudre...), mais, très vite, si vos premières tentatives ne sont pas couronnées de succès, vous abandonnez. Et, quand elles le sont, vous vous lassez. Résultat : vous n'allez au bout de rien.

Votre force
Vous êtes bonne pâte : toujours très disponible (même si vous agissez souvent en traînant des pieds), conciliant (pour ne pas vous créer d'ennuis), tolérant (souvent par indifférence).

Pour avoir plus d'impact
Pensez plus au travail (les satisfactions sont plus durables), et moins aux plaisirs (toujours très éphémères). Et montrez-vous plus persévérant. Ne changez pas tout le temps (d'avis, de projet, de décision...).

La bonne attitude avec vous

Jouer sans cesse la carte de l'aventure nouvelle, il n'y a que cette solution pour vous intéresser, vous exciter, vous motiver (quelques heures ou quelques jours). Au fond, vous êtes quelqu'un de l'instant, qui donne peu de prise aux autres. Problèmes, crises, conflits, rien ne vous affecte profondément, durablement. Vous pouvez céder en apparence, dire oui à tout, mais quand l'orage est passé, vous êtes revenu à la case départ.

Le profil ○ ❖ ■ (non émotif – réactif - introverti) : « évitant »

Votre valeur dominante : le besoin de tranquillité.

Celle-ci peut prendre plusieurs formes. La procrastination : vous remettez systématiquement au lendemain ce que vous pouvez faire le jour même. L'idéalisme : objectifs inaccessibles (inutile d'essayer), attente de conditions optimales pour agir (tant que celles-ci ne sont pas réunies, elles ne le sont jamais, vous ne levez pas le petit doigt). Le pessimisme : vous dramatisez les difficultés (réelles) ou vous en imaginez pour ne rien faire.

Votre force

L'indifférence. Très détaché par rapport aux choses, plus tourné vers vous-même, vous êtes peu vulnérable aux événements extérieurs. Vous vous accommodez parfaitement bien de la solitude (très secret, taciturne).

Pour avoir plus de punch

Arrêtez de vivre dans le passé. Jetez tout ce qui vous encombre (dans vos placards, votre tête) et vous empêche d'avancer. Faites une liste de toutes vos habitudes et, tous les jours, changez-en une (au moins).

La bonne attitude avec vous
Aller dans votre sens pour arriver à vous infléchir. Vous êtes quelqu'un de très ancré dans ses certitudes et ses préjugés. Plus on essaie de faire pression, plus vous résistez et vous accrochez (à vos idées, vos projets, etc.). Donc tout ce qui ressemble à des confrontations ne convient pas.

Chapitre 3

Faire marcher son bon cerveau

Nous avons tous une tête, mais nous ne nous en servons pas tous de la même manière. Pour coudre un bouton ou pianoter sur un ordinateur, nous n'utilisons pas tous la même partie de notre cerveau. Cela dépend de notre « préférence cérébrale ». De là, des manières de penser, de communiquer et d'agir différentes.

De là, aussi, des aptitudes différentes. Car chaque type d'intelligence a une approche spécifique de la réalité, ses avantages et ses inconvénients. Il y a ceux qui, dans leur perception des situations, privilégient les faits, le présent (« type pragmatique ») ; ceux qui ont toujours un temps d'avance, voient les opportunités, le futur (« intuitif ») ; ceux qui, lorsqu'ils ont un choix à faire, s'appuient sur la raison, l'objectivité (« rationnel ») ; ceux qui, enfin, tranchent en fonction de leur sensibilité et de leurs relations aux autres (« relationnel »).

Pourquoi faut-il connaître sa « préférence cérébrale » ?

On fait toujours de meilleurs choix, plus susceptibles de succès, quand on connaît sa forme d'intelligence dominante. Il est plus facile ainsi de s'appuyer sur ses points forts, de corriger ses points faibles. On « colle » mieux, aussi bien dans son travail que dans ses loisirs, à ce pour quoi on est fait. D'où plus de plaisir et de performances, quoi qu'on entreprenne.

Connaître son mode de pensée dominant permet aussi de mieux s'entourer. Car c'est une illusion de croire réussir seul : les plus grands succès, même ceux qui paraissent les plus individuels ou les plus solitaires, sont toujours « accompagnés », soutenus. Quel est le binôme idéal ? A priori, la forme d'intelligence la plus éloignée de la nôtre, car c'est la plus complémentaire. Le problème : les personnes avec lesquelles on a intérêt à vivre ou à travailler sont souvent celles que l'on comprend le moins, avec qui on a le plus de mal à s'entendre. Comment choisir le bon partenaire ? Trouvez d'abord votre bon cerveau.

Quel est votre type d'intelligence ?

Dans les années 1970-1980, trois chercheurs du Département d'ingénierie biomédicale de l'université du Texas, N. Hermann, L. Schkade et A. Potvin, établissent une corrélation entre les réponses données à un questionnaire de psychologie et d'activation cérébrale. En étudiant 6000 dossiers, validés par des mesures EEG (électroencéphalogramme), ils montrent que l'activité cérébrale est doublement polarisée (hémisphère droit / hémisphère gauche et système limbique / système cortical) et que nous avons tous un mode de fonctionnement privilégié. Ils distinguent ainsi quatre grands types mentaux : cortical gauche, cortical droit, limbique gauche et limbique droit. Chacun de ces types correspond à un type d'intelligence spécifique.

Les quatre secteurs de réactivité cérébrale

Système cortical
(la pensée)

Cortical gauche	**Cortical droit**
Logique	Créer
Analytique	Esprit de synthèse
Matheux	Artistique
Technique	Globaliser
Raisonnement	Conceptualiser
Polarité gauche	**Polarité droite**
Contrôlé	Contact humain
Conservateur	Émotif
Planification	Musical
Organisation	Spiritualité
Administration	Expression
Limbique gauche	**Limbique droit**

Système limbique
(les émotions)

D'après Ned Hermann, *The Creative Brain.*

Avez-vous une intelligence rationnelle ou intuitive, relationnelle ou pragmatique ? Cochez dans chaque groupe des affirmations suivantes celle qui vous correspond le plus.

a. Je cherche toujours un sens aux choses (j'ai besoin de comprendre le pourquoi du comment).
b. J'ai avant tout besoin de liberté : je supporte mal les obligations, les règles, la routine.
c. Je suis un idéaliste (je veux le meilleur de l'homme dans le meilleur des mondes).
d. J'ai le sens du devoir et de mes responsabilités (je croule parfois sous leur poids).

a. J'ai avec mes enfants des relations surtout intellectuelles.
b. Je manifeste mon affection à mes enfants de manière assez irrégulière (trop ou pas assez).
c. Je suis très chaleureux avec mes enfants (j'ai souvent un peu trop tendance d'ailleurs à leur passer tout).
d. Je demande d'abord à mes enfants de respecter les règles (j'ai d'ailleurs souvent du mal à exprimer mon affection par des mots ou des gestes).

a. J'ai toujours eu le goût des études.
b. Pour moi, la meilleure façon d'apprendre (de comprendre et de mémoriser), c'est d'agir (ou d'étudier des cas vécus).
c. J'apprends mieux et plus vite quand l'information est délivrée par quelqu'un de sympathique (plutôt que dans les livres).
d. J'apprends ce qui est utile ; il faut d'abord que cela puisse me servir dans ma vie ou mon travail quotidiens.

a. Je n'ai pas de difficulté à respecter l'autorité quand elle est fondée sur une réelle compétence.
b. Je supporte assez mal l'autorité (particulièrement quand elle ne sert à rien).

c. Pour moi, le charisme est bien plus important que l'autorité (je pense aussi que la nature humaine est bonne).
d. J'ai le sens de la hiérarchie (vers le haut et vers le bas) et un petit côté parfois bureaucrate.

a. Je peux sacrifier beaucoup (vie familiale, loisirs, etc.) à mon travail.
b. J'ai souvent peur de finir par m'ennuyer dans mon travail.
c. Dans mon travail, je cherche à m'épanouir personnellement (et j'encourage les autres à le faire aussi).
d. Dans mon travail, je cherche avant tout à être efficace.

a. J'ai tendance à séquencer mes activités (un dossier, une tâche, un objectif, une étape à la fois).
b. J'aime bien travailler dans l'urgence (j'attends d'ailleurs souvent le dernier moment pour commencer).
c. Au bureau, je consacre beaucoup de temps aux autres (quitte à me mettre en retard dans mon propre travail).
d. Je suis quelqu'un de très ponctuel et très organisé (je liste les choses à faire, je planifie tout, je jette ce qui est inutile, etc.).

a. Je ne prends pas de gants quand j'ai une critique à faire (je blesse souvent les autres sans le faire exprès).
b. Je mets rarement la pression sur ceux qui travaillent avec moi ou pour moi.
c. J'ai tendance à prendre les critiques (même justifiées) comme des attaques personnelles.

d. Je ne supporte pas de voir les autres faire des erreurs (même toutes petites).

a. Je pense qu'il faut parfois prendre des risques financiers (calculés).
b. Je n'aime pas faire un budget (les mécanismes de l'économie, la recherche du profit maximal, le calcul de rentabilité, tout cela ne m'intéresse pas).
c. Je ne suis pas très doué pour le commerce (acheter et vendre) ; la notion de profit n'est pas pour moi essentielle.
d. Je sais gérer un budget (en le serrant) et je suis soucieux de rentabilité.

a. Je suis socialement assez réservé (plus observateur qu'acteur).
b. Je suis socialement très ouvert (je noue facilement des contacts, je me sens rapidement à l'aise partout...).
c. Je me mets facilement à la place des autres (même quand je les connais peu).
A- Socialement, je suis souvent sur la défensive quand je ne connais pas, ou mal, les gens.

a. Je sais trancher quand c'est nécessaire sans avoir d'états d'âme ni faire de sentiment (on me le reproche d'ailleurs souvent).
b. Je me décide souvent d'une manière impulsive, en me fiant à mon instinct.
c. J'ai du mal à prendre une décision quand elle doit avoir des conséquences négatives pour quelqu'un.
d. J'ai du mal à changer d'avis quand j'ai pris une décision (et je m'obstine parfois dans l'erreur).

Comment analyser vos résultats ?

Comptez le nombre de *a, b, c* et *d* que vous avez cochés et reportez-vous au paragraphe correspondant.
Nota bene: comme on est rarement d'un type pur, vous pouvez aussi vous référer à votre type secondaire, surtout s'il n'y a qu'un ou deux points d'écart avec votre type dominant.

Majorité de *a*
Vous êtes un « rationnel »
Vous avez une intelligence logique, qui donne la priorité à la réflexion, à l'analyse des faits et à la mesure quantifiée. Votre avez une approche très stratégique des gens, des situations. Animé par une passion froide, vous considérez qu'une seule chose compte : atteindre votre objectif (petit ou grand). Quand vous vous l'êtes fixé, vous êtes très concentré et très calculateur (vous prévoyez plusieurs coups d'avance).

Vos points forts
Le réalisme : étant donné une situation, un problème, vous êtes capable de rassembler les faits, de dégager l'important (où, quand, comment, combien), d'analyser les éventualités, d'établir des priorités, de trancher et d'agir (avec fermeté et persévérance). Le goût de la performance : vous êtes conscient de votre valeur (vous ne comptez que sur vous) et vous vous battez pour montrer que vous êtes le meilleur.

Vos points faibles
Un côté « technocrate » : vous n'êtes pas assez sensible aux besoins, aux attentes et aux motivations des autres (vous croyez qu'il suffit d'en appeler à la raison, à l'objectivité). Le manque de persuasion : vous ne savez pas ou pas assez convaincre (écouter, argumenter, remporter l'adhésion). Le

niveau d'exigence : vous demandez un peu trop aux autres (efforts, résultats, etc.) et vous les mettez sous pression.

Vos atouts professionnels

- Vous vous souciez d'abord de rationalité.
- Vous êtes doué pour analyser les situations, même si vous ne savez pas, ou pas assez, concrétiser des solutions.
- Vous vous montrez consciencieux et fiable.
- Vous travaillez d'une manière rigoureuse et méthodique.
- Vous excellez dans tout ce qui est chiffres (statistiques, probabilités, etc.), systèmes.
- Vous privilégiez les compétences techniques plutôt que les valeurs personnelles.
- Vous savez coordonner et organiser le travail des autres (vous savez déléguer), mais vous ne savez pas ou pas assez gérer les conflits.
- Vous êtes très bien organisé, mais vous avez parfois du mal à faire face à l'imprévu et à vous adapter aux changements.

Des métiers pour vous

Ingénieur (aéronautique, électronique, bâtiments...), informaticien (analyste, manager), directeur financier, physicien, médecin (chirurgie, psychiatrie), directeur marketing, manager, enseignant (maths, golf), restaurateur (meubles, voitures), courtier (Bourse, commerces), pharmacologue, anthropologue, neurobiologiste, statisticien, conseiller en management...

Votre binôme idéal : un « relationnel »

Qu'est-ce qu'il vous apporte ? Sensible aux besoins, aux attentes et aux motivations des autres, il fluidifie l'ensemble de vos relations et il a un effet « liant » : il cimente l'équipe, prévient les conflits, les désamorce...

Votre problème avec lui : vous le trouvez trop gentil. Il fait trop confiance aux autres (il ne veille pas assez à l'exécution des tâches) et croit tout ce qu'on lui raconte au lieu de faire preuve d'objectivité. Il veut être trop consensuel (plaire, arranger tout le monde, ne contrarier personne) ; du coup, il fait perdre beaucoup de temps à l'équipe. Très bavard aussi, il a tendance à se disperser, ce qui vous énerve...

Comment vous entendre avec lui : n'allez jamais droit au fait, commencez par quelques petites politesses d'usage (« Vous avez passé un bon week-end ? », « Comment vas-tu ? », etc.). N'oubliez jamais qu'il attache autant d'importance, sinon plus, à la forme qu'au fond. Présentez-lui les faits, les problèmes, en insistant sur le facteur humain. Cherchez les points d'accord et proposez-lui des solutions consensuelles. Quand vous lui demandez de prendre une décision, de trancher, soulignez les valeurs qui sont en jeu, les éventuelles réactions des personnes concernées. Et prenez des gants quand vous avez des critiques à formuler, en précisant chaque fois qu'il n'est pas en cause personnellement. Trop direct, vous risquez de provoquer une réaction de blocage ou de rejet.

Des loisirs...

L'informatique, le bricolage, le travail du bois, le golf, les jeux de stratégie, les voitures (réparation et collections), les jeux de société, de logique, le modélisme, le softball, la chasse, les investissements financiers, le billard, l'observation scientifique, la chimie, la pharmacologie, le Trivial Pursuit, l'escalade.

Majorité de *b*
Vous êtes un « intuitif »
Vous avez une intelligence visuelle qui privilégie le flair, l'imagination, l'esprit de synthèse. Votre inconscient travaille pour vous : vous comprenez vite (vous n'êtes pas obligé de tout analyser) et vous êtes doué pour établir des relations entre des choses qui, en apparence, n'en ont pas, et pour créer du neuf (concepts, idées, images, formes...). Ce que vous aimez avant tout, ce sont les possibilités, les potentialités, ce qui n'est pas encore, et vous êtes très éclectique (goûts, centres d'intérêt, etc.).

Vos points forts
La capacité de recul : dans une situation donnée, face à un problème, vous pouvez recadrer, voir ce qu'il y a de bon, les opportunités, les possibilités offertes. La prise d'initiative : vous ne vous contentez pas de réagir aux événements, vous proposez (des scénarios, des solutions, des idées, des méthodes, auxquels les autres n'avaient pas pensé) et vous agissez. La souplesse : vous savez rester efficace quand les choses changent ou évoluent (vous êtes capable de revoir votre copie et de vous adapter).

Vos points faibles
Le manque de méthode et d'organisation : les contingences matérielles, la logistique, la routine vous ennuient (vous êtes plus doué pour lancer des idées, des projets que pour les gérer). Le côté « Yaka » ou « Faukon » : vous êtes ambitieux, vous voyez grand, mais vous sous-estimez le poids des habitudes (des autres), l'inertie des systèmes. L'adhésion (à un groupe, aux règles) : vous avez tendance à être très individualiste.

Vos atouts professionnels

- Vous êtes fort pour jouer avec les idées, les concepts et les théories.
- Vous avez une bonne vue d'ensemble, mais vous négligez souvent les détails.
- Vous êtes doué pour faire la synthèse des informations (même disparates).
- Vous savez (d'instinct, d'expérience) ce qui va marcher.
- Vous excellez dans les stratégies et les projets à long terme.
- Vous faites d'abord appel à votre imagination (créativité, innovations).
- Vous savez faire face à l'imprévu, prendre des risques et vous adapter aux changements.
- Vous résistez bien à l'échec.

Des métiers pour vous

Photographe, musicien, artisan, professeur d'art, d'équitation, galeriste, cinéaste, comédien (théâtre, cinéma), ornithologue, guide de musée, urbaniste, graphiste (sites, jeux vidéo, livres, etc.), psychologue, psychanalyste, philosophe, concepteur publicitaire, directeur artistique (publicité, presse, packaging produits), journaliste, rédacteur en chef, scénariste, designer...

Votre binôme idéal : un « pragmatique »

Qu'est-ce qu'il vous apporte ? Plus de rigueur et de méthode. Il sait mieux que vous quantifier les informations (analyse et synthèse des données chiffrées, statistiques, financières...), prendre en compte les détails et les impératifs administratifs liés à un projet et finaliser les actions.

Votre problème avec lui : il a ses habitudes, ses méthodes de travail, sa routine, et il freine ou il bloque en cas d'imprévu, de changements (de programme, d'environnement, d'interlocuteur). Très soucieux des détails, du défaut caché, il a besoin de tout contrôler et voit toujours la « bouteille à moitié vide » (brise l'enthousiasme).

Comment vous entendre avec lui : parlez-lui du concret, de faits précis, mesurables, vérifiables, prouvés. Et d'actions, d'objectifs, de résultats à court terme : tout ce qui est trop lointain l'angoisse un peu parce que c'est du non-maîtrisable. Soyez clair et direct quand vous expliquez : nature exacte de la situation, des problèmes ou des difficultés, conséquences prévisibles, actions à entreprendre... Pas d'euphémismes ou d'à-peu-près. Et n'omettez pas les détails : pour lui, tout est important. Soulignez les résultats acquis et le suivi des actions engagées. Les possibilités, les potentialités, les spéculations sur l'avenir ne l'intéressent pas ou peu. Quand vous argumentez, ne sautez pas une étape. Raisonnez pas à pas, point par point, avec schémas, plans, exemples à l'appui (montrez les applications réussies) et fréquents retours en arrière si nécessaire, pour être certain d'être bien compris.

Des loisirs...

La photo, le cinéma, le théâtre (acteur et spectateur), l'aérobic, la marche, l'observation des oiseaux, les activités artistiques, l'artisanat, la bicyclette, les jeux vidéo, le ski, les puzzles, les mots croisés, la pêche sous-marine, le deltaplane, l'équitation, la musique, le shopping, l'urbanisme, les musées et monuments.

Majorité de *c*
Vous êtes un « relationnel »
Vous avez une intelligence relationnelle, fondée sur les émotions, les sentiments, l'empathie, la convivialité. Pour vous, ce qui compte d'abord, ce sont les personnes, leurs valeurs, les relations (autant que possible harmonieuses), la sensibilité. Vous êtes un grand amoureux de la vie (des autres, mais aussi de la nature, des choses et des bêtes).

Vos points forts
Le sens des interactions individuelles : vous percevez et vous réagissez bien aux besoins et aux désirs des autres, vous avez conscience de votre propre effet sur eux. L'esprit de groupe (et d'équipe) : même en l'absence d'intérêt personnel direct, vous êtes capable d'aider, de soutenir, d'être solidaire. Le sens du dialogue : vous n'imposez jamais, vous cherchez toujours à convaincre, en encourageant les autres à s'exprimer (même quand vous n'êtes pas d'accord avec eux).

Vos points faibles
Une certaine crédulité : vous avez tendance à trop vous fier aux autres quand vous les trouvez sympathiques (vous croyez tout ce qu'ils vous racontent et vous ne vérifiez pas). Le manque de décision : vous voulez être trop consensuel (plaire, arranger tout le monde, ne contrarier personne), alors vous ne prenez pas vos responsabilités (et les choses n'avancent pas). Le manque de productivité : comme vous donnez toujours la priorité à l'humain, vous perdez beaucoup de temps, vous êtes moins efficace, « rentable ».

Vos atouts professionnels
- Vous recherchez d'abord la convivialité.
- Vous vous montrez la plupart du temps sympathique, chaleureux, enthousiaste.

- Vous savez travailler en équipe (aider, motiver, stimuler les autres).
- Vous êtes généralement de bon conseil ; vous savez arbitrer, gérer les conflits.
- Vous êtes très doué pour mener des négociations.
- Vous résistez plutôt bien à l'échec et au stress.
- Vous êtes capable de faire face à l'imprévu et de vous adapter aux changements.
- Vous gérez bien l'immédiat, mais vous avez parfois du mal à concevoir des stratégies ou des projets à long terme.

Des métiers pour vous

Formateur, DRH, guide touristique, romancier, paysagiste, décorateur, couturier, pédiatre, enseignant (école, collège), cuisinier, animateur (télé, radio, foires, supermarché, goûters d'enfants, centre de loisirs, clubs...), orthophoniste, infirmier, attaché de presse, responsable communication, relations publiques, avocat, coach...

Votre binôme idéal : un « rationnel »

Qu'est-ce qu'il vous apporte ? Plus réaliste, plus objectif, il a une approche stratégique des problèmes et des événements. Dans une situation, en cas de difficulté, il est capable de dépassionner et de relativiser pour faire les choix appropriés.

Votre problème avec lui : il demande un peu trop aux autres (efforts, résultats, etc.) et les met ainsi sous pression. Au nom de l'efficacité, de la rentabilité, il néglige souvent le facteur humain : comme il ne prend pas assez le temps de parler, d'écouter, de convaincre, il impose.

Comment vous entendre avec lui : allez droit à l'essentiel (il n'aime pas être dérangé). Soyez concis (n'hésitez pas à lui faire des notes de synthèse). Quand il vous informe, posez les questions nécessaires, mais évitez les digressions. Abordez de façon impersonnelle les problèmes ou les difficultés. Quand des problèmes personnels sont en jeu, présentez-les comme des faits à prendre en compte dans l'analyse de la situation. Mettez en avant des considérations d'efficacité et de profit. Ces deux notions étant fondamentales pour lui, cela légitime et crédibilise vos propos. Quand vous avez une décision à prendre, présentez-lui et les avantages et les inconvénients, et proposez-lui trois options possibles. N'ayez pas peur d'être critique (il n'en fait pas une affaire personnelle) et gardez votre calme en toutes circonstances (il peut être parfois très blessant sans même le faire exprès).

Des loisirs...

La création littéraire, la lecture, les collections, la couture, le tricot, les voyages, les activités religieuses, la gastronomie, les discussions avec des amis, le chant choral, les jeux avec des enfants, la musique (écouter), la solidarité (aider les autres).

Majorité de *d*
Vous êtes un « pragmatique »
Vous avez une intelligence sensorielle, qui privilégie le concret, l'organisation et le contrôle. Ce qui vous intéresse avant tout, ce sont les faits (mesurables et vérifiables). Comme saint Thomas, vous croyez ce que vous voyez et vous devez voir (et toucher) pour croire. Vous êtes particulièrement doué pour l'expérimentation, la recherche.

Vos points forts
Le bon sens : abordant les problèmes de façon pratique, réaliste, vous êtes doué pour trouver des solutions concrètes, efficaces. L'objectivité : dans une situation, en cas de difficulté, vous êtes capable de dépassionner et de relativiser pour faire les choix appropriés. La rigueur : vous êtes organisé (dans vos idées, votre travail), méthodique, discipliné (vous faites ce qu'il faut quand il faut), vigilant (vous traquez l'erreur, la faute, le défaut caché).

Vos points faibles
Le manque de vision global : le nez dans le guidon, vous avez du mal à prendre du recul, de la hauteur, à vous projeter (vous excellez plus dans les réalisations à court terme qu'à long terme). La difficulté d'adaptation : vous avez vos habitudes, vos méthodes, votre routine, vous supportez mal l'imprévu, le changement (de programme, d'environnement, d'interlocuteur). Le manque de souplesse : vous êtes trop tatillon (sur les règles, les procédures) et parfois un peu trop rigide (vous faites passer les principes, les règles avant les personnes).

Vos atouts professionnels
- La recherche d'efficacité (la vôtre et celle des autres) ; vous êtes très doué pour concrétiser les idées.
- Vous vous montrez consciencieux et fiable quand on vous confie une tâche.
- Vous savez travailler d'une manière rigoureuse et méthodique.
- Vous avez une grande puissance de travail et de concentration.
- Vous savez coordonner, organiser le travail des autres quand c'est nécessaire, mais vous avez tendance à vous 'impatienter en cours d'exécution.

- Vous avez du mal à déléguer des responsabilités (vous préférez faire les choses vous-même, à votre manière).
- Vous savez lancer des projets, mais vous excellez plus dans les réalisations à court terme qu'à long terme.
- Vous vous sentez particulièrement à l'aise dans les tâches routinières.
- Vous n'aimez pas trop les imprévus, encore moins les conflits.
- Vous êtes stable, mais vous traînez des pieds quand on vous impose des changements.

Des métiers pour vous

Architecte, prof de gym, expert-comptable, dessinateur (cartes, plans...), pharmacien, styliste, acheteur de mode, croupier (dans un casino), responsable de qualité, contrôleur de gestion, responsable de fabrication, contrôleur des impôts, chimiste, contrôleur aérien, responsable logistique, kinésithérapeute, esthéticien, conducteur d'engins (train, métro, camion), employé de banque, mécanicien, officier de police, script...

Votre binôme idéal : un « intuitif »
Qu'est-ce qu'il vous apporte ? Une meilleure vue d'ensemble des situations et des problèmes. Il est plus à même d'anticiper que vous et il est capable de s'écarter des sentiers battus pour trouver des solutions originales en cas de difficulté.

Votre problème avec lui : il est désordonné et ne respecte pas les règles, les procédures, vous avez souvent l'impression qu'il fait les choses à l'envers, met la charrue avant les bœufs. Il est tout le temps en train de se projeter (« demain, on rase gratis »), mais il néglige les problèmes du présent.

Comment vous entendre avec lui : restez dans les grandes lignes. Avec lui, vous pouvez sauter les étapes intermédiaires et passer aux conclusions. Les détails, comme les explications point par point, le font bâiller (trop ennuyeux), alors ne lui en donnez pas sauf s'il demande des précisions. Présentez-lui les problèmes et les difficultés comme des opportunités et resituez toujours les faits dans un contexte : qu'est-ce qu'ils signifient, qu'est-ce qu'ils montrent... Soulignez l'originalité, la nouveauté, les potentialités. Et proposez-lui des alternatives plutôt que de dire « ça ne peut pas être autrement ». Quand il a le choix entre une méthode nouvelle aux résultats incertains, mais prometteurs, et les procédés habituels, il préfère presque toujours prendre le risque. Et il ne vous en veut pas en cas d'échec : il admet les hauts et les bas.

Des loisirs...

La botanique (herbier), le ping-pong, le jogging, les jeux de cartes, les jeux de hasard, la coupe du bois, le canotage, le tennis, la méditation, l'humour (raconter des blagues), la pêche, la gymnastique, le bowling, la cuisine (recettes), le ménage.

Chapitre 4

Trouver son moteur de réussite

Se lever tous les matins (ou non), faire du tricot ou du saut à l'élastique, se marier ou papillonner, se vouer au travail ou au farniente, soulever des montagnes ou se cacher dans des trous de souris... Quels sont les moteurs de nos actes ? Le débat ne date pas d'hier. Mais pour les neuropsys, il n'y a pas de doute. C'est d'abord une question de systèmes neurobiologies spécifiques. Pour Cloninger, un chercheur américain, le tempérament (l'aspect génétique de la personnalité) et, a fortiori, tous nos comportements dans la vie en général sont initiés par trois neurotransmetteurs : la dopamine (la recherche de la nouveauté), la sérotonine (l'évitement du danger) et la noradrénaline (la dépendance à la récompense). Les personnes plutôt stimulées par la dopamine sont curieuses et avides de sensations nouvelles et prennent des risques physiques et sociaux pour se les procurer. Celles qui le sont par la sérotonine sont, en revanche, plus craintives, hésitantes, introverties et pessimistes. Enfin, les personnes chez qui domine l'activité noradrénaline sont plus extraverties, chaleureuses, optimistes, conviviales, mais aussi plus vulnérables à la solitude.

Qu'est-ce qui vous fait courir (ou faire du surplace) ?

L'espoir du succès ou la crainte de l'échec ? Pour certains, « nul n'est besoin d'espérer pour entreprendre, de réussir pour persévérer » ; pour d'autres, rien n'est possible sans certaines motivations : il faut se donner des carottes ou avoir peur du bâton. À quoi cela tient-il ? À une affaire d'hormone dominante. Laquelle pour vous ? Cochez chaque fois que vous vous reconnaissez dans les affirmations suivantes.

A. Dans les dîners en ville, les soirées, j'aime bien de temps en temps provoquer un peu (par exemple, en m'habillant de manière excentrique ou hyper-sexy, en disant des horreurs, etc.).
C. Ce serait l'horreur si je devais travailler tout seul dans mon coin sans personne avec qui bavarder.
B. Avant de prendre une décision, j'essaie de penser à tout ; après, je me demande si j'ai pensé à tout.
A. Je ne suis jamais contre une bonne petite polémique, même si cela risque de déraper.
C. Mon humeur fait souvent du yo-yo tout au long de la journée.
B. Je me sens souvent sur les rotules sans raison.
A. Je m'énerve quand je suis coincé chez moi, dans l'impossibilité de sortir si cela me chante.
B. Je suis très angoissé quand je dois parler en public.
A. Je pense qu'il est préférable d'avoir fait de nombreuses expériences sexuelles avant le mariage.
C. On m'a souvent reproché de ne pas assez écouter et de me confier un peu trop rapidement.

B. J'ai tendance à ruminer les mauvaises nouvelles.
C. Je sais flatter, dire les mots que les gens ont envie d'entendre.
B. Quand j'ai un train à prendre, j'arrive toujours à la gare très en avance.
A. Je n'aime pas être obligé de rendre des comptes à quelqu'un (un conjoint, un patron, des enfants...).
B. Je ne comprends vraiment pas les gens qui risquent leur vie à escalader des montagnes à mains nues.
C. Quand c'est la guerre au bureau, mes performances (et mes résultats) ont tendance à chuter.
A. Je trouve que les gens gentils sont la plupart du temps ennuyeux ou sans intérêt.
C. Je sors (le soir) plus de trois fois par semaine.
B. J'ai une bouffée d'angoisse chaque fois que je reçois un avis de lettre recommandée.
C. Amoureux (même à moitié amoureux), je suis souvent inquiet à l'idée d'être abandonné.
A. J'ai besoin d'être surpris par les gens, les événements, sinon je m'ennuie mortellement.
B. Cela me rend nerveux de sentir quelqu'un marcher derrière moi (même en plein jour).
C. Il ne m'arrive quasi jamais de passer toute une journée sans voir quelqu'un ou téléphoner.
A. Dans la vie, je pense qu'il faut parfois prendre des risques.
B. J'ai presque toujours du mal à m'endormir ou j'ai un sommeil haché.
A. J'aime bien les jeux qui font peur (montagnes russes, saut à l'élastique...), la vitesse (en voiture, sur des skis...).
C. J'ai besoin de sentir que les gens m'apprécient, même quand ils m'indiffèrent complètement.

A. Je suis rapidement à l'aise quand je ne connais pas les gens, même s'ils sont d'un milieu ou d'une culture différents.
C. Je suis très gourmand, avec un grand faible pour le sucré.
B. Après coup, je me tourmente souvent pour des choses que je n'aurais pas dû dire ou faire.
C. Je vis avec une bête (non humaine) ou je pourrais vivre avec.
A. Je me sens toujours excité ou impatient devant les changements (nouveau travail, voyage, déménagement, etc.).
B. J'ai souvent des crampes ou des douleurs musculaires (nuque, épaules, dos, jambes...).
C. Je ne vois pas le mal partout, je pense que tous les individus ont quelque chose d'intéressant.
B. Je m'inquiète souvent pour ma santé ou celle de mes proches.
C. Je me fais presque tous les jours de nouveaux amis ou relations.
A. Je change souvent de marques (parfums, vêtements, cosmétiques, etc.), de boutiques, des restaurants.
A. Dénicher un super emploi, séduire un partenaire idéal... Les défis ou les difficultés ont plutôt tendance à me stimuler.
B. J'ai souvent l'impression qu'une catastrophe va me tomber dessus.
C. Je préfère voir des personnes même peu intéressantes que lire un bon livre.
A. J'aime les fêtes un peu folles, me lâcher de temps en temps.
A. Quand je voyage, j'aime bien découvrir des endroits étranges, inhabituels.
C. Je peux dépenser des fortunes pour plaire et j'ai très peur de vieillir.

B. Quand je me trompe (sur quelqu'un ou quelque chose), je m'en veux longtemps.
B. La veille d'un départ en vacances, je me sens toujours un peu survolté ou à bout.

Votre profil psychogénétique

Comptez votre nombre de A, B et C (symboles) et reportez-vous au profil correspondant. Ou aux profils correspondants si vous avez moins de 2-3 points d'écart entre deux valeurs.

Majorité de A
Votre hormone : la dopamine (celle de l'action)
Votre moteur : la recherche de la nouveauté
Votre devise : « La fortune sourit aux audacieux. »
Plutôt versatile, vous changez rapidement d'humeurs, d'idées dans la journée, la semaine, vous avez des coups de cœur (à l'égard des êtres, des choses), des emballements (dans vos activités, votre travail), mais cela ne dure pas. Vous avez du mal à conserver une habitude, vous vous désintéressez très vite des choses quand elles sont répétitives. En revanche, dès que c'est du neuf (idée, projet), vous démarrez au quart de tour.
Votre plus : votre curiosité et votre ouverture d'esprit. Vous vous adaptez sans difficulté à des environnements, des situations, des activités, des milieux différents. Vous êtes plutôt tolérant (souvent, il faut bien le dire, par indifférence) et vous vous attachez peu aux choses et aux êtres. Après une perte, une rupture, vous vous consolez, et vous oubliez, vite.
Votre talon d'Achille : l'impulsivité. Guidé par les résultats immédiats de vos actes, vous ne prévoyez pas beaucoup ou vous vous souciez peu des conséquences nuisibles (pour vous-même et pour autrui). Donc vous causez des dommages

collatéraux. Avide de sensations, d'expériences nouvelles, vous sacrifiez aussi au changement pour le changement, au détriment des valeurs sûres (travail, mérite, éthique).
Vos risques : fugue et dérivés (bougeotte, déménagements et/ou changements de travail fréquents...), boulimie, dépenses excessives (perdre son salaire du mois dans un achat ruineux...), alcoolisme précoce, usage de tabac, drogues et stimulants, hyperactivité, conduites à risque (vitesse, rapports non protégés, transgressions, etc.).

Vos métiers de prédilection

Directeur marketing, agent immobilier, photographe, prof de gym, d'équitation, cinéaste, comédien (théâtre, cinéma), chasseur de têtes, urbaniste, graphiste (sites, jeux vidéo, livres, etc.), concepteur publicitaire, directeur artistique (pub, presse, packaging produits), journaliste, rédacteur en chef, scénariste, designer, acheteuse de mode,...

Majorité de B
Votre hormone : la sérotonine (celle de l'introversion)
Votre moteur : la recherche de la sécurité
Votre devise : « Pour vivre heureux, vivons cachés. »
Ce qui vous pousse ou vous retient, c'est d'abord la crainte de la sanction, l'évitement du danger. Dans votre inconscient, toute pulsion peut vous faire courir un risque qui menacerait votre sécurité et votre moi. D'où un blocage des affects (vous êtes plutôt un timide) et une forte anxiété face aux changements (vous préférez vos habitudes), à l'inconnu (vous tournez plutôt en petit milieu fermé) ou à la nouveauté

(vous avez besoin de stabilité dans votre environnement, votre habitat, votre cadre de travail, votre couple, etc.).
Votre plus : le sérieux et la stabilité. Vous avez le sens des responsabilités et du devoir. Privilégiant les valeurs du surmoi (contrôle des pulsions, sens moral), vous investissez l'essentiel de votre énergie dans des activités valorisantes et socialement utiles : le travail, l'amitié, la famille, etc. Bref, c'est constructif !
Votre talon d'Achille : un peu figé dans vos habitudes, votre confort matériel et moral, ancré dans vos principes (très traditionnels) et vos convictions (très conformistes), vous êtes plutôt « pensée unique ». Vous avez du mal à vous adapter aux idées et aux technologies nouvelles. Routinier, vous détestez les imprévus, les surprises, et vous êtes facilement bloqué par les changements.
Vos risques : les addictions sans drogue (au travail, à l'ordre moral, à l'amour obsessionnel...), les manies (de l'ordre, de la propreté, de la ponctualité...), les boulimies déplacées (lire ou regarder la télé à haute dose), les marottes (idées fixes, collectionnite, mots croisés...), les rituels obsessionnels (accumuler les gris-gris, les serrures, les consultations de médecins, de voyantes, etc.).

Vos métiers de prédilection

Ingénieur (aéronautique, électronique, bâtiments...), informaticien (analyste, manager), directeur financier, médecin (chirurgie, psychiatrie), artisan, expert-comptable, romancier, pharmacien, enseignant (école, collège), psychologue, psychanalyste, croupier (dans un casino), responsable de qualité, contrôleur de gestion, responsable de fabrication, contrôleur des impôts, contrôleur aérien, conducteur d'engins (train, métro, camion), employé de banque, mécanicien, officier de police, script...

Majorité de C

Votre hormone : la noradrénaline (celle de la convivialité)
Votre moteur : la recherche du bonheur
Votre devise : « Plus on est de fous, plus on rit. »
Très sociable, sensible aux valeurs véhiculées par l'école, la famille, le groupe des pairs et la société en général, vous êtes particulièrement soucieux du regard des autres (vous voulez être « bien vu », avoir bonne réputation, être apprécié, approuvé) et vous avez sans cesse besoin de soutiens (et de réassurances) narcissiques (compliments, cadeaux, égards, privilèges, etc.).
Votre plus : votre sensibilité et votre intelligence relationnelle. Vous savez vous mettre d'instinct à la place des autres et partager leurs sentiments. Vous percevez bien leurs humeurs et leurs réactions. Vous êtes toujours attentif à leurs besoins, rarement indifférent à leurs problèmes. Vous êtes capable d'écoute et spontanément très dévoué (vous faites souvent plus qu'il ne vous est demandé).
Votre talon d'Achille : la peur d'être rejeté et le sentiment que votre survie (dans le couple, le groupe, la société, l'espèce) dépend de votre soumission aux autres. D'où, souvent, un renoncement à toute forme d'opposition (vous dites oui, même quand ce n'est pas votre intérêt ou que vous n'avez pas envie, vous vous montrez systématiquement « d'accord » avec les autres, même quand vous pensez qu'ils ont tort ou se trompent) et une certaine forme d'abdication.
Vos risques : le souci excessif de l'apparence (corps, vêtements, maquillage), les addictions sans drogue (coiffeurs, instituts de beauté, mode, chirurgie plastique...),

les régimes amaigrissants chroniques (pour rester dans les normes socialement valorisées), la dépression (en cas de manque de gratification ou de rejet).

Vos métiers de prédilection

Coach, DRH, guide touristique, galeriste, décorateur, styliste, esthéticienne, politicien, animateur (télé, radio, foires, supermarché, goûters d'enfants, centre de loisirs, clubs...), mannequin, orthophoniste, infirmière, assistante sociale, attaché de presse, responsable communication, relations publiques, avocat, guide de musée...

A, B et C à peu près égal
Votre hormone : l'ocytocine (celle des bons sentiments)
Votre moteur : la recherche du *peace and love*
Votre devise : « Aide-toi et le ciel t'aidera. »
Ni prédateur ni proie (chez vous pas de diabolisation à outrance de l'autre ou de molle résignation), vous réagissez (presque toujours) comme il faut : stoïque (quand vous n'y pouvez rien), patient (« Rome ne s'est pas bâtie en un jour »), volontaire (il n'y a que des solutions, et non des problèmes).
Votre plus : vous êtes capable de concilier travail, vie de famille, de couple, et de prendre du bon temps avec les autres ou seul. Même quand vous menez une existence trépidante, vous savez aménager des plages de calme, de bonheur tranquille où vous pouvez vous ressourcer.
Votre talon d'Achille : solide, rassurant, autonome, vous avez tendance à attirer de grands immatures (hommes immatures, femmes enfants, copines attardées) qui cherchent une mère, un gourou, voire une vache à lait. Après, ils collent à vous

(affectivement), se laissent prendre en charge (nourriture, argent...) et cela finit toujours par vous agacer.

Vos métiers de prédilection

Philosophe, archéologue, paysagiste, physicien, chercheur, cuisinier, ornithologue, architecte, juge, anthropologue, neurobiologiste, statisticien, universitaire, conseiller en management, agriculteur, antiquaire...

Partie II

Je fais les bons choix de réussite

Dans cette partie...

C'est une chose de savoir pourquoi on est fait, une autre de savoir ce qu'on peut faire. Êtes-vous vraiment motivé pour réussir ? Avez-vous le courage de vos ambitions ? Quelle est votre puissance de travail ? Êtes-vous capable d'avoir et de garder un niveau d'activité élevé, de rester efficace en dépit des changements d'environnement, d'interlocuteurs, de responsabilités ou de tâches ? De prendre des initiatives, d'être une force de proposition et d'action plutôt que simplement réactif ?

Toutes ces questions, et bien d'autres encore, sont traitées dans les chapitres suivants.

Chapitre 5

Donner de soi-même

Aujourd'hui, encouragés (illusionnés ?) par l'individualisme ambiant, par les *success stories* présentées dans les médias, nous avons tous tendance à croire qu'on peut réussir à moindres frais. Un petit talent, un coup de chance et, hop, c'est dans la poche. Mais il n'en est rien : on ne réussit pas sans travail ! Ceux qui atteignent le sommet ne travaillent pas simplement plus dur ou beaucoup plus dur que les autres : ils travaillent beaucoup, beaucoup plus dur ! Rome ne s'est pas bâtie en un jour, pas plus que les Beatles, Bill Gates, Zinedine Zidane, Barack Obama ou Mimi Mathi. Aux dernières estimations, réussir prend 10 000 heures. Au moins ! Soit 1000 jours, près de 3 ans à 10 heures par jour, sans week-end ni vacances. Et, en plus, le succès n'est pas toujours au rendez-vous. Bref, il faut être très motivé, et ce durablement.

Êtes-vous vraiment motivé ?

Vous allez au bureau tous les matins en traînant les pieds ? C'est normal. Toutes les enquêtes sur la question révèlent un malaise général : trois actifs sur quatre, un cadre sur deux avouent une baisse plus ou moins forte d'enthousiasme. Les causes sont nombreuses : morosité économique, insuccès, inquiétudes, ainsi que l'effet « contagion », car la démotivation (comme la motivation) se transmet du haut vers le bas et du bas vers le haut. De fait, il existe des raisons objectives et collectives à cette baisse d'énergie. Mais la motivation dépend d'abord de soi. Il n'y aurait en effet aucun mérite à être seulement motivé dans les situations motivantes. À quoi cela tient-il ? Pourquoi certains arrivent-ils à garder un haut degré d'implication quelles que soient les circonstances, et d'autres non ? Au fond, notre degré de motivation dépend de différents paramètres comme le niveau d'estime de soi, le goût de l'effort, la valeur accordée à la réussite, la recherche volontariste du succès ou le niveau d'anxiété (plus il est élevé, et moins l'initiative et la persévérance dans l'action sont possibles). Bref, c'est loin d'être simple. Quel est votre réel degré de motivation ? Cochez chaque fois que vous vous reconnaissez dans les affirmations suivantes.

- ❑ J'ai confiance dans les personnes avec qui je vis, je travaille.
- ❑ Pour rompre avec la routine, je me lance (et/ou je lance aux autres) de temps en temps des projets novateurs ou des « projets défis ».
- ❑ Je peux passer mes nuits et mes week-ends sur des dossiers si je le juge nécessaire.
- ❑ Je me contente rarement du statu quo, je cherche toujours à améliorer les processus ou les relations.
- ❑ Mes échecs me permettent de progresser ; je fais rarement plusieurs fois les mêmes erreurs.

- ❑ J'aime mon travail, je me sens plutôt fier de ce que je fais.
- ❑ J'ai une vision claire de mes priorités à court, moyen et long terme.
- ❑ Je déteste avoir l'impression que je ne peux que réagir aux événements.
- ❑ J'anticipe plutôt bien, j'ai toujours des plans B en réserve.
- ❑ Quand je prends une décision, je m'y tiens, je ne perds pas mon temps à me demander si c'est vraiment la bonne.
- ❑ J'encourage mes proches, mes collaborateurs à être autonomes.
- ❑ Quand je me trompe, je ne cherche pas à me trouver des excuses.
- ❑ J'ai déjà mis fin à des habitudes qui me procuraient du plaisir (café, tabac, alcool, sucreries, etc.) parce que je les trouvais nocives pour ma santé.
- ❑ Je sais dire non (à mon patron, mes collègues, aux autres en général...).
- ❑ Je ne me désintéresse pas des projets quand ils ne se réalisent pas comme je le souhaite.
- ❑ Je pense que même dans les situations les plus contraignantes on a toujours le choix.
- ❑ « Nul n'est besoin d'espérer pour entreprendre, de réussir pour persévérer » : je crois en cette devise de Beaumarchais.
- ❑ Je n'ai pas l'impression de manquer spécialement de temps.
- ❑ Je pense que mes succès doivent plus à mes compétences et mes efforts qu'à la chance.
- ❑ Je ne mens (presque) jamais sur les délais.
- ❑ Les changements (de responsabilités, de tâches, d'interlocuteurs, d'environnement...) me stimulent plus qu'ils ne me stressent.
- ❑ Je suis plutôt optimiste quand je pense à ma vie de demain (et dans le futur).

- ❑ Je m'énerve quand quelqu'un fait mal les choses, mais je ne suis pas rancunier.
- ❑ En cas de difficultés ou d'opposition, j'ai plus tendance à m'entêter qu'à renoncer.
- ❑ Au bureau, je fais ma part de corvées même si on ne me demande rien.
- ❑ Quand j'ai des choses désagréables à dire à quelqu'un, je le fais en face (plutôt qu'au téléphone ou par mail).
- ❑ Je pense qu'avec le temps, et un peu de bonne volonté, la plupart des choses s'arrangent ou s'améliorent.
- ❑ Je suis plutôt performant les jours J même si je me suis moyennement préparé.
- ❑ Je suis attentif à tout ce qui peut (changements politiques, économiques, sociaux...) influer sur mon travail.
- ❑ Je ne recule pas devant l'effort quand je pense que cela peut améliorer ma situation.
- ❑ Je suis, en général, très ponctuel à mes rendez-vous.
- ❑ J'ai un projet professionnel pour les quatre-cinq ans à venir, voire plus, et je suis plutôt confiant.
- ❑ Je suis plutôt de bonne humeur le matin (même quand je n'ai pas beaucoup dormi).
- ❑ Quand quelqu'un réussit un joli coup dans la boîte, je suis content.
- ❑ Je pense que la plupart des gens m'apprécient et m'aimeraient encore plus s'ils me connaissaient mieux.
- ❑ Agenda, stylo, clefs, lunettes, dossiers... je ne perds pratiquement jamais rien.
- ❑ Quand j'ai un problème avec un collaborateur, un client, etc., j'en parle tout de suite (au lieu de laisser pourrir la situation).
- ❑ Je ne me crois pas trop fort ; je sais de quoi je suis capable, je connais mes limites.
- ❑ J'accepte plutôt bien les critiques, même quand je ne les trouve pas vraiment fondées.

- ☐ Quand j'ai quelque chose de désagréable à faire, je m'en débarrasse souvent tout de suite (au lieu de remettre au lendemain).

Comment calculer votre degré de motivation ?

Comptez le nombre de fois où vous avez répondu « oui » et reportez-vous au profil correspondant.

35 points et plus
Très élevé
Votre travail, votre mission, disons-le carrément, est plus importante que vous-même. Vous pouvez y passer des nuits et des week-ends, lui sacrifier beaucoup, trop. Est-ce conjoncturel : vous êtes particulièrement débordé en ce moment et passionné par ce que vous faites ? Ou structurel : vous avez des tendances *workalcoolic* ? Dans ce cas, vous ne tiendrez pas longtemps et des risques existent pour votre santé (physique, morale) et votre entourage. Levez le pied de temps en temps, relativisez, cela vaudrait mieux pour tout le monde !

De 28 à 34 points
Élevé
Vous êtes plutôt bien impliqué dans votre profession actuelle. Vous ne vous contentez pas de faire ce pour quoi vous êtes payé, mais vous cherchez la plupart du temps à améliorer les choses, les méthodes comme les relations. À progresser aussi : vous ne vous laissez pas bercer (ou bousculer) par les événements : vous avez un vrai projet, de vrais objectifs, et vous faites tout ce qu'il faut (initiatives, prise de responsabilité, etc.) pour les atteindre. Bref, l'attitude « idéale » à la fois

pour vous (vous êtes capable de prendre du recul) et pour votre entreprise.

De 22 à 27 points
Moyen
Vous êtes motivé dans la mesure où vous êtes capable d'agir de façon autonome, en faisant ce qu'il faut pour que « cela marche ». La plupart du temps (quand tout va bien), c'est acceptable : vous obtenez des résultats, vous avancez. Mais parfois, c'est insuffisant. Vous avez tendance à renoncer à certains projets à cause de leurs difficultés (ou sous prétexte de manque de temps), à perdre en productivité quand l'ambiance n'est pas très bonne (voire hostile) ou quand il y a trop de pression. Bref, vous vous laissez guider par les événements au lieu d'être maître de votre « destin ».

De 15 à 21 points
Faible
Vous êtes en prise directe sur les événements, sensible aux changements, attentif à la « demande ». En général, vous réagissez au quart de tour et vous donnez des « réponses » appropriées. Mais vous êtes plus réactif que réellement proactif : vous n'êtes capable de mener à bien un projet que si vous êtes stimulé (récompenses attendues, risques possibles de sanctions). Est-ce une petite faiblesse passagère ? Si ce n'est pas le cas, il faut vous demander ce dont vous avez besoin (plus d'intérêt intellectuel, de responsabilités, de reconnaissance, une meilleure rémunération, ambiance, etc.) pour être plus motivé.

Moins de 15 points
Très faible
À ce point, c'est la Berezina ! En gros, vous vous contentez de faire le minimum pour éviter les ennuis, et cela quelle que soit

la situation, quoi qu'il arrive (de bon ou de mauvais). Vous devez très sérieusement vous interroger sur le sens de votre travail actuel, comprendre ce qui vous a démotivé (pour ne pas recommencer plusieurs fois les mêmes erreurs), redéfinir vos priorités et renouer avec une dynamique dans le cadre d'un nouveau projet. Cela peut passer par un changement de poste, de nouvelles attributions, mais vous ne devez pas exclure un changement d'entreprise.

Chapitre 6

Affirmer ses ambitions

Souvenez-vous de votre dernier entretien de recrutement. Votre interlocuteur vous a demandé (s'il a bien fait son travail) si vous étiez ambitieux. Bien évidemment, vous lui avez répondu oui. Mais il ne s'est sûrement pas contenté de cette réponse. Il vous a sans doute demandé ensuite : « Comment définiriez-vous l'ambition ? » ou « Qu'est-ce qu'un ambitieux, selon vous ? » Si ces questions reviennent assez systématiquement en entretien, c'est essentiellement pour deux raisons. D'une part, rien de grand ne se fait sans ambition : on doit être capable de faire des efforts et des sacrifices pour réussir (vous avez dû donner des exemples à votre recruteur pour démontrer votre ambition). Mais d'un autre côté, trop d'ambition parfois nuit. Montesquieu le disait : « Un homme n'est pas malheureux parce qu'il a de l'ambition, mais parce qu'il en est dévoré. » Il faut être ambitieux, mais il ne faut ni se tromper d'ambition (savoir rester à la mesure de ses moyens) ni vous transformer en arriviste (chercher à se dépasser soi, plutôt qu'à battre, voire écraser les autres).

Quel ambitieux êtes-vous ?

Avez-vous la « bonne ambition » ? Ni trop ni pas assez ? Cochez chaque fois que vous vous reconnaissez dans les affirmations suivantes.

- ❑ J'aime bien me faire peur de temps en temps, prendre des risques juste pour le plaisir. (A)
- ❑ J'ai parfois laissé passer ma chance parce que je n'ai pas eu le bon réflexe au bon moment. (C)
- ❑ Quand je me concentre, le monde peut s'écrouler autour de moi. (B)
- ❑ Je suis d'abord un homme (une femme) de principe. (D)
- ❑ L'adversité a plutôt tendance à me stimuler. (A)
- ❑ Je ne crois pas beaucoup à la chance. (B)
- ❑ J'ai du mal à rester sans travailler tout un week-end. (A)
- ❑ Je me tiens au courant des opportunités dans et hors de mon entreprise. (C)
- ❑ Je suis humble dans le succès (je ne me crois pas « trop fort »). (B)
- ❑ Je m'arrange souvent pour participer à des dîners avec des personnes qui ont une meilleure position sociale que la mienne. (C)
- ❑ On m'a souvent reproché mon entêtement. (D)
- ❑ J'ai souvent du mal à m'endormir. (A)
- ❑ Je reste combatif dans les difficultés. (B)
- ❑ Ma carrière passe avant ma vie privée ; je peux lui sacrifier beaucoup. (C)
- ❑ Je pense qu'on ne réussit qu'en gravissant un à un tous les échelons de la hiérarchie. (D)
- ❑ Je ne prends jamais de décision sans avoir anticiper toutes les conséquences. (C)
- ❑ On m'a souvent reproché de prendre les problèmes et les autres de front. (A)

- ❑ Je suis plutôt mal à l'aise quand je dois parler en public. (D)
- ❑ J'ai tendance à traîner des pieds quand on m'impose de faire des choses qui ne sont pas dans mes priorités. (D)
- ❑ Je me fiche un peu de ce que les autres pensent de moi du moment que cela n'a pas d'incidence sur mon travail. (B)
- ❑ Je sais quel poste je veux occuper dans cinq ans. (C)
- ❑ J'ai du mal à reconnaître mes erreurs. (D)
- ❑ Je me décide toujours très vite. (A)
- ❑ Je trouve que, dans la vie, on n'a généralement que ce qu'on mérite. (B)
- ❑ Je me crée facilement des habitudes et j'ai souvent beaucoup de mal à en changer. (D)
- ❑ Je m'efforce d'avoir toujours au moins un coup d'avance sur mes adversaires. (C)
- ❑ J'obtiens souvent beaucoup de choses au culot. (A)
- ❑ Je rebondis plutôt vite (et bien) après un échec. (B)
- ❑ Je suis plutôt susceptible ; je ne supporte pas qu'on se moque de moi. (D)
- ❑ Je suis quelqu'un de « froid », difficile à déchiffrer. (C)
- ❑ Pour rattraper un retard dans mon travail, je suis prêt à renoncer à mes loisirs. (D)
- ❑ J'ai souvent tendance à sous-estimer les délais. (A)
- ❑ Je reviens rarement sur une décision. (D)
- ❑ Mes études m'ont mené exactement là où je voulais être. (C)
- ❑ Pour moi, toutes les « épreuves » sont des occasions de se renforcer. (B)
- ❑ Je m'énerve quand les choses ne vont pas assez vite. (A)
- ❑ Quand j'ai une tâche pénible, je m'en débarrasse tout de suite. (B)
- ❑ J'aime bien démarrer le premier quand le feu passe au vert. (A)

- Chaque fois que j'entreprends un projet, je le mène à terme. (B)
- On m'a souvent reproché d'être un peu trop calculateur. (C)

Comment analyser vos résultats ?

Comptez votre nombre de A, B, C et D, et reportez-vous à votre profil dominant.

Majorité de (A)
Votre style d'ambitieux : « battant »
Ultra-motivé, toujours sur la brèche, vous n'épargnez pas votre enthousiasme, votre énergie pour montrer que vous êtes le plus fort, le plus apte à grimper les échelons du succès. Vous n'hésitez pas à prendre des risques pour forcer la chance. Du coup, vous réussissez souvent là où d'autres n'oseraient même pas essayer. Vous obtenez beaucoup de choses par une audace excessive, en forçant les portes.

Vos risques
Comme vous ne voulez pas rater une occasion de vous mettre en avant, vous êtes trop dans l'action directe, vous ne prenez pas assez le temps de réfléchir aux conséquences de vos actes. Résultat : vous faites parfois des erreurs, par exemple en tentant de passer au-dessus de votre patron.

Comment optimiser
D'abord, en vous calmant (« Rome ne s'est pas faite en un jour ») et en apprenant à être plus patient. Ensuite, en évitant les conflits inutiles, en cessant de vous épuiser en vaines rivalités : cherchez à gagner plus, plutôt qu'à battre l'autre.

Majorité de (B)
Votre style d'ambitieux : « persévérant »
D'une volonté tenace, vous êtes particulièrement armé pour la compétition. Non seulement vous ne rechignez pas à l'effort, vous êtes capable de faire des sacrifices, mais vous savez aussi attendre votre heure, vous montrer patient dans la réalisation de vos objectifs, quitte à supporter beaucoup en cas de vents contraires.

Vos risques
Comme vous manquez souvent de recul, vous n'êtes pas assez attentif à tout ce qui pourrait influer sur votre carrière, changements internes (politiques, stratégiques...) et externes (nouvelles donnes économiques, sociales...). Du coup, vous pouvez vous retrouver sur une voie de garage, parce que vous n'avez pas su tirer parti des opportunités.

Comment optimiser
En vous obstinant un peu moins dans vos projets initiaux. Prenez plus souvent du recul par rapport à vos responsabilités, vos tâches : vous intégrerez mieux les changements et vous pourrez adapter vos choix (objectifs, moyens mis en œuvre...) en conséquence.

Majorité de (C)
Votre style d'ambitieux : « prudent »
Vous voyez parfois très grand, mais c'est toujours à votre mesure. Chez vous, peu ou pas de coups d'éclat, mais une suite d'actions longuement raisonnées. Vous avancez patiemment vos pions, en voyant loin, très loin... Vous prenez des risques, mais seulement quand c'est la meilleure solution (le ratio avantages attendus / sanctions possibles est nettement en votre faveur).

Vos risques
À force de vous focaliser sur le long terme, de monter des stratégies (souvent un peu compliquées) pour atteindre vos objectifs, vous manquez parfois de réflexes : vous ne voyez pas la chance (les ouvertures, les opportunités…) quand elle se présente et vous la laissez passer.

Comment optimiser
D'abord, en étant moins calculateur et plus ouvert, réactif, aux circonstances : la vie fait souvent des cadeaux (les fameuses alouettes qui tombent toutes rôties dans le bec). Ensuite, en ne cherchant pas à être trop malin : on obtient toujours beaucoup plus des autres quand on affiche clairement ses intentions.

Majorité de (D)
Votre style d'ambitieux : « ruminant »
Extrêmement déterminé, vous avez parfois de la difficulté à vous fixer des objectifs (vous avez peur de voir trop grand et de rater), mais une fois que vous avez fait vos choix, vous n'en démordez pas : vous êtes capable de déplacer ciel et terre pour y arriver et vous restez inébranlable malgré les difficultés et les obstacles (vous êtes particulièrement endurant).

Vos risques
Vous engager dans une impasse : vous vous êtes fixé une fois pour toutes un chemin (long et ardu), une manière de faire les choses (très bien) et vous n'imaginez pas qu'avec le temps, l'expérience que vous avez acquise, vos objectifs initiaux ne sont peut-être plus valables (vous pouvez prétendre à mieux) ou plus facilement accessibles.

Comment optimiser
Montrez-vous plus souple ! Dans le choix de vos objectifs : vous pouvez changer d'avis, de cap ou de direction sans tout remettre en question pour autant. Et dans le choix des moyens : n'hésitez pas à changer vos plans, vos méthodes quand c'est plus réaliste et profitable.

Comment accélérer les choses ?

Plus de temps, d'argent, de responsabilités, de pouvoir, de passion, de reconnaissance... Qu'est-ce qui vous en empêche ? Rien. Et certainement pas les autres. Si vous avez le sentiment de ne pas être apprécié à votre juste valeur, de faire du sur-place dans votre travail, c'est que vous ne savez pas voir ou saisir les opportunités, que vous ne faites pas tout ce qu'il faut. Réussir mieux, plus vite, c'est à votre portée. Mais tout dépend de ce que vous voulez.

Plus de temps
Vous pouvez enfin vous occuper de vous, de votre couple, de votre famille. Vous n'êtes plus obligé de faire la queue à la poste le samedi matin ni de subir les embouteillages de l'après-midi. Résultat : moins de stress et, par contrecoup, une meilleure forme et un meilleur moral. Et vous ne faites plus partie des 51 % des Français qui courent après le temps (sondage ministère de la Ville / Sofres).

Est-ce que vous le voulez vraiment ?
Plus de temps, c'est moins d'argent (il est rare d'être payé autant pour en faire moins) et une image dégradée dans l'entreprise. Les patrons n'ont toujours pas digéré les 35 heures, alors si vous en faites encore moins... Bref, le jour des promotions, on ne pense pas à vous en premier lieu.

Comment l'obtenir ?

1/ **Ne courez plus après le temps.** Aujourd'hui, par crainte, désir, ou manque d'organisation, à cause de la pression sociale aussi, tout devient urgent. Comment sortir de ce cercle infernal ? En réapprenant chacun à faire la différence entre l'urgent (peu de choses le sont vraiment) et l'important (vos priorités).

2/ **Faites des choix.** Dans une journée, vous pouvez avoir du temps pour vous et/ou pour votre patron et/ou pour votre conjoint, et/ou pour vos enfants et/ou pour vos amis, etc., mais pas pour tout le monde. Quand on cherche à mener toutes ses vies chaque jour, on fait les choses à moitié et on se sent frustré.

3/ **Ne remettez jamais à demain.** Particulièrement, les corvées. Ce qu'on ne fait pas tout de suite, on y pense au point de gâcher les bons moments.

4/ **Voyez avec votre patron si vous ne pouvez pas occuper votre poste en temps partagé** (avec une autre personne).

5/ **Ouvrez un compte d'épargne temps.**

Ouvrir un compte d'épargne temps

Vous rêvez de vous offrir un tour du monde, de créer votre propre entreprise ou de rester à la maison quelques mois pour dorloter votre nouveau-né. C'est possible grâce au « compte d'épargne temps », qui permet de stocker une partie de ses congés annuels. Avantage : vous êtes payé pendant votre absence (minimum six mois) et vous retrouvez votre poste au retour.

Comment ouvrir un compte

Il suffit de le demander si votre entreprise a signé « un accord d'entreprise ». Adressez-vous à la direction du

personnel pour savoir si c'est le cas. Sinon vous devez d'abord réclamer qu'elle le fasse.
Comment garnir votre compte ?

- Avec des jours de congés d'été à raison de dix par an et pendant six ans. La cinquième semaine peut s'y ajouter si vous « cotisez » pour un congé sabbatique.
- En demandant la conversion en congés payés d'une partie ou de la totalité de vos primes (treizième mois, intéressements...) ou d'une fraction de vos augmentations de salaire.

Plus d'argent
Terminées les fins de mois moins difficiles, vous pouvez enfin remplacer votre tas de ferraille par une vraie voiture, vous habiller plus à la mode (et cher). Un sentiment de sécurité accru (l'argent a d'abord cette fonction), donc une moindre consommation de psychotropes (anxiolytiques, antidépresseurs, neuroleptiques, somnifères...). Et une meilleure image de soi, car dans une société dominée par le « J'achète, donc je suis », ne pas avoir, c'est n'être rien.

Est-ce que vous le voulez vraiment ?
Cela ne fera pas votre bonheur. Toutes les études montrent que les personnes peu matérialistes ont plus de satisfaction dans leur vie que celles qui le sont. Pour Tim Kasser, un psychologue de Cambridge, la course à l'argent se traduirait même par une humeur nettement moins bonne et davantage de difficultés psychologiques (*The High Price of Materialism*, MIT Press).

Comment l'obtenir ?

1/ **Commencez par y croire.** Si, au fond de vous-même, vous n'êtes pas convaincu que vous méritez mieux, ce n'est même pas la peine de demander une augmentation à votre patron.

2/ **Fixez-vous un objectif maximal et minimal** pour avoir une marge de manœuvre. Si vous commencez par : « Je veux 20 % de mieux, c'est à prendre ou à laisser... », il est difficile ensuite de rabattre vos prétentions.

3/ **Traduisez votre demande en bénéfices** pour votre patron. Renoncez à : « Je l'ai bien mérité. » Vos performances passées sont du passé. Essayez plutôt : « Je me défoncerai trois fois plus » ; vous le rassurerez sur l'avenir.

4/ **Persévérez en cas de refus.** Votre patron n'en a peut-être pas la possibilité aujourd'hui, mais il l'aura demain. Alors laissez toujours la négociation ouverte : « Si pendant trois mois, je continue à faire les mêmes résultats, on pourra envisager de revoir mon salaire ? »

5/ **Si cela ne marche pas** (votre patron ne vous augmentera ni aujourd'hui ni demain), **allez vendre vos talents et vos compétences plus cher ailleurs.**

Plus de responsabilités

Vous progressez hiérarchiquement, donc vous êtes plus impliqué dans la vie de l'entreprise (un poste plus intéressant, une participation aux prises de décision), plus libre d'aménager votre temps de travail, et vous obtenez plus d'avantages matériels (un plus grand bureau, une voiture de fonction, des stock-options, etc.). Comme 89 % des cadres, vous pouvez dire : « Mon travail me plaît, c'est une source de satisfaction pour moi » (sondage Ipsos juillet 2005).

Est-ce que vous le voulez vraiment ?
Plus de responsabilité, c'est aussi plus de stress (aujourd'hui, en France, un cadre sur cinq a besoin de médicaments pour faire face) et moins de temps pour sa vie personnelle (72 % des cadres avouent qu'ils sacrifient souvent vie de famille et intérêts personnels).

Comment l'obtenir ?
1/ **Clarifiez vos priorités.** Vous ne pouvez pas vouloir et plus des responsabilités et plus de temps libre (comme un cadre sur trois).
2/ **Fixez-vous des objectifs** (par exemple, « je veux être dircom dans trois ans ») au lieu d'agir au gré des opportunités. Mais des objectifs réalistes : vous avez peu de chance de devenir calife ou dircom avec une formation de comptable.
3/ **Fixez-vous des étapes** pour atteindre vos objectifs au lieu de vouloir tout, tout de suite (le meilleur moyen pour ne jamais rien avoir).
4/ **Affirmez vos ambitions.** Votre patron n'imagine pas se priver de vous dans votre poste actuel pour vous en confier un autre ? C'est à vous de lui prouver que vous serez encore plus précieux, en assumant des responsabilités plus importantes.
5/ **Ne vous focalisez pas sur vos handicaps** (je n'ai pas confiance en moi, je n'ai pas les compétences...). Listez vos possibilités concrètes : suivre une formation, voir un conseiller d'orientation.

Formation

Deux possibilités. Vous êtes dans une entreprise qui a un plan de formation (ce n'est pas obligatoire, renseignez-vous auprès du comité d'entreprise, du délégué du personnel, de la DRH). Ce n'est pas le cas ? Adressez-

vous à votre ANPE. Leurs services formation (bilan de compétences, offres de formations...) sont ouverts à tout le monde : demandeurs d'emplois et salariés, cadres et non-cadres.
Le bon site : www.centre-inffo.fr. Vous y trouverez toutes les formations adaptées à votre niveau de compétences et vos ambitions, par domaine et par région.
Moins de 26 ans
Renseignez-vous auprès de votre mairie : missions locales, PAIO (permanence d'accueil d'information et de formation), CRIJ (Centres régionaux d'information jeunesse)... toutes les pistes pour vous orienter et vous former professionnellement.

Plus de passion
Vous faites des choses plus intéressantes et vous vous ennuyez moins dans votre travail. Vous ne cochez plus les minutes et les jours qui passent en attendant de pouvoir vite rejoindre votre conjoint ou votre *sweet home.*

Est-ce que vous le voulez vraiment ?
Quand vous fermez la porte de votre bureau, vous emportez votre travail dans votre tête. Vous continuez à y penser en dînant le soir ou en regardant la télé, et cela vous empêche souvent de dormir comme un bébé. À terme, vous risquez de devenir une *workalcoholic.*

Comment l'obtenir ?
1/ **Acceptez vos limites.** Vous ne pouvez pas être bon en tout, alors relativisez. Soyez ambitieux, mais n'en faites pas une obsession. Quand on est obnubilé par la réussite, on fait souvent les choses mal.

2/ **Posez-vous les bonnes questions :** « Est-ce que j'exploite vraiment mes talents, mes compétences ? », « Comment je me vois dans trois, cinq, dix ans ? » Quand on manque d'intérêt dans son travail, c'est souvent parce qu'on n'a pas de vrai projet professionnel.

3/ **Prenez plus d'initiatives dans votre travail.** Ne vous contentez pas d'effectuer ce pour quoi vous êtes payé. Montrez à votre patron que vous en « voulez ».

4/ **Faites des choix plus ambitieux** au lieu de vous cantonner dans votre rôle. De nombreuses entreprises offrent souvent toutes sortes de possibilités d'évolution (formation, concours internes...).

5/ **Soyez plus réactif.** La vie offre souvent de nombreuses opportunités, alors au lieu de vous endormir dans votre emploi, jetez régulièrement un œil sur les offres des autres entreprises.

Plus de reconnaissance

Les autres vous respectent. Ils vous écoutent plus attentivement, vous prennent au sérieux. Vous devenez plus crédible, plus « méritant ». On ne vous matraque pas chaque fois que vous commettez une erreur. Et quand vous avez un message important (augmentation, promotion...) ou une idée à faire passer, on vous prête une oreille plus bienveillante.

Est-ce que vous le voulez vraiment ?

Plus visible, vous êtes plus exposé : on vous attend au tournant, vous suscitez automatiquement des jalousies de vos rivaux en recherche de reconnaissance, mais aussi de ceux qui savent qu'ils n'en auront jamais.

Comment l'obtenir ?

1/ **Éliminez vos propres messages négatifs.** Chaque fois que vous pensez « il faut que je fasse ceci, cela... », inversez : « Faut-il vraiment que... » Avant de dire oui, demandez-vous si vous avez vraiment envie de dire oui.

2/ **Arrêtez de vous dévaloriser.** Quand vous rendez un travail, ne le présentez pas en disant : « J'ai fait ce que j'ai pu. » Ou, plus subtilement dégradant : « Trucmuche aurait sans doute fait mieux. »

3/ **Montrez-vous plus exigeant** (argent, avantages...). Ne rien demander, c'est ne pas exister.

4/ **Faites votre autopromotion.** Les autres, votre patron notamment, ne passent pas leur temps à vous observer pour savoir si vous avez bien fait ou pas.

5/ **Obligez-vous à parler de vos succès.** N'en faites pas une montagne, mais ne les diminuez pas non plus. Dites : « Depuis que je suis arrivé dans la société, on a fait 40 % de mieux », au lieu de « Le marché est en pleine croissance ».

Chapitre 7

Prendre un nouveau départ

Depuis un demi-siècle, le monde et les entreprises bougent de plus en plus vite. Aujourd'hui, avec la crise, le mouvement s'accélère ! Depuis toujours, il vaut mieux être roseau que chêne pour traverser les orages (relisez la fable de La Fontaine). La flexibilité (élasticité, souplesse, mobilité) est encore plus indispensable. Réagir vite et bien, s'adapter aux nouvelles donnes, savoir rester efficace en dépit des changements d'environnement, d'interlocuteurs, de responsabilités ou de tâches, prendre l'initiative de la nouveauté, le succès passe par là.

Réussir suppose aussi d'être capable de rompre parfois radicalement avec ses habitudes, de prendre un nouveau départ. C'est une affaire d'aptitudes, mais aussi de bon timing.

Êtes-vous apte au changement ?

L'anxiété face au changement, c'est notre lot à tous, une composante indispensable de la nature humaine. Sans elle, pas de curiosité, d'intelligence des situations, de créativité, d'adaptabilité et, même, d'empathie ou de socialité. En revanche, une anxiété excessive inhibe les capacités d'adaptation et d'action, peut (comme la timidité) paralyser la prise d'initiative et le changement. Quel est votre niveau d'adaptabilité ? Comment l'être plus ? Cochez chaque fois que vous vous reconnaissez dans les affirmations suivantes.

- ❑ Je sursaute presque toujours en cas de bruit soudain (sonnerie du téléphone, coup de sonnette, porte qui claque...).
- ❑ Quand j'ai le choix, je vais toujours dans les mêmes boutiques et les mêmes restaurants.
- ❑ Je mange très vite et je finis mon assiette souvent avant les autres).
- ❑ Je suis impatient : je déteste devoir attendre (chez un médecin), faire la queue (au cinéma, à la boulangerie), les réunions interminables (travail, famille, amis).
- ❑ Quand je regarde ce que j'ai fait jusqu'à présent (carrière, enfants, famille,...), je ne suis pas très satisfait de moi-même.
- ❑ J'ai tendance à tout prendre au sérieux (on m'a d'ailleurs souvent reproché de manquer d'humour ou de légèreté).
- ❑ On m'a souvent reproché de voir le mal partout, d'être trop négatif.
- ❑ Je perçois souvent les autres hommes (ou les femmes) comme des rivaux.
- ❑ Je pense que mes proches ne m'estiment pas à ma vraie valeur, en tout cas, pas comme je souhaite l'être.

- ❑ J'ai souvent peur d'être déçu par les autres (je préfère d'ailleurs imaginer le pire pour ne pas avoir de mauvaise surprise).
- ❑ J'ai tendance à commencer mille choses et à n'en finir aucune.
- ❑ Je ne suis pas très ponctuel : j'arrive souvent en retard à mes rendez-vous, j'ai du mal à tenir les délais, etc.
- ❑ J'ai fait des études plutôt brillantes, une grande école (X, Centrale, HEC, Sciences-Po, etc.).
- ❑ Je trouve que mon conjoint est un peu, voire très, immature.
- ❑ J'ai du mal à jeter les choses (même quand elles n'ont aucune valeur ou importance sentimentale).
- ❑ Il m'est déjà arrivé (plus d'une fois) juste avant ou pendant les vacances d'avoir un « bobo » (cheville foulée, grippe, etc.) qui m'empêche d'en profiter.
- ❑ Il m'arrive souvent (au moins une fois sur trois) de retourner dans une boutique pour échanger quelque chose que j'ai acheté (vêtement, objet, etc.).
- ❑ Quand je donne quelque chose à faire à quelqu'un (au bureau, à la maison), j'ai tendance à repasser derrière lui (souvent pour refaire les choses à ma façon).
- ❑ Après un succès (professionnel, amoureux, etc.), j'éprouve souvent comme un vague sentiment de culpabilité et je me sens parfois un peu déprimé.
- ❑ Je me réveille souvent aux aurores (même quand je me suis endormi très tard).
- ❑ Le week-end, j'ai du mal à rester sans rien faire ; j'ai sans cesse besoin de m'occuper.
- ❑ Je trouve que mon meilleur ami a tendance à rabâcher toujours les mêmes problèmes.
- ❑ Je ne suis pas très à l'aise quand je connais peu ou pas du tout les gens.

- ❑ Dîners, week-ends, sorties, fêtes… Je refuse la plupart des invitations (je suis trop fatigué, je n'ai pas le temps, etc.).
- ❑ Je réagis souvent d'une manière excessive aux critiques ou à la désapprobation.
- ❑ J'adore regarder des films d'horreur.
- ❑ Quand je ne vais pas bien (mentalement, physiquement), j'ai besoin d'être seul.
- ❑ Quand je suis chez moi, je ferme toujours la porte à clef le soir (même souvent dans la journée).
- ❑ Avant de sortir de chez moi, je vérifie toujours que je n'ai rien oublié (et souvent plutôt deux fois qu'une).
- ❑ Je suis quelqu'un de plutôt réservé dans mes relations avec les autres ; je suis peu démonstratif même quand je connais ou j'aime bien les gens.
- ❑ Je trouve que la vie ne m'a pas beaucoup gâté en général.
- ❑ Je perds souvent mes affaires (agenda, stylo, clefs, lunettes, dossier…).
- ❑ Je suis très gaffeur dans mes relations avec les autres.
- ❑ Je ne me confie pas beaucoup aux autres ; j'ai souvent peur que ce soit utilisé contre moi.
- ❑ Quand j'ai une décision à prendre (même une petite), je pèse toujours longuement le pour et le contre.
- ❑ Je m'inquiète fréquemment à propos de choses sans importance (par exemple, trouver une place pour me garer, etc.).
- ❑ Les compliments me mettent toujours un peu mal à l'aise (je me demande souvent si c'est du lard ou du cochon).
- ❑ Je considère souvent les autres comme des concurrents.
- ❑ Je suis particulièrement sensible aux compliments et aux marques d'affection (je suis contrarié quand les autres ne m'en font pas ou trop rarement).
- ❑ Quand j'ai un rendez-vous, j'arrive toujours très en avance.
- ❑ Une mauvaise nouvelle (par exemple un rendez-vous important qui se décommande), un incident pénible

(par exemple, une contravention à cause de mon mobile) peuvent me gâcher la journée.

- ❑ Je fais souvent des cauchemars et/ou je me ronge les ongles.
- ❑ Enfant, j'avais très peur du noir ; je regardais sous mon lit avant de me coucher.
- ❑ Je ferais tout (vitamines, soins, sport, chirurgie…) pour paraître « jeune » le plus longtemps possible.
- ❑ Je pense avoir un « caractère de cochon » (on me l'a d'ailleurs souvent dit).
- ❑ J'aime les documentaires à la télé (souvent même quel qu'en soit le sujet).
- ❑ Quand j'ai un rendez-vous, j'arrive toujours pile à l'heure.
- ❑ Souvent quand on me parle, je ne réponds pas (je suis perdu dans mes pensées).
- ❑ Je déteste prêter mes affaires ; j'évite de le faire autant que possible.
- ❑ En cas de problème (affectif, psychologique…), j'ai tendance à somatiser (douleurs musculaires, maux de ventre, de tête, palpitations, suées, etc.).

Comment analyser vos réponses ?

Comptez le nombre de fois où vous avez répondu « oui », multipliez par 2 pour obtenir votre coefficient d'adaptabilité (sur 100) et reportez-vous aux profils correspondants.

Votre coefficient d'adaptabilité

Moins de 32 %
Très élevé
Est-ce une nature optimiste : chez vous, le fameux gène SLC6A4, qui serait plus court chez les personnes sujettes à l'angoisse et au pessimisme, a la bonne longueur ? L'expérience acquise (vous savez que vous êtes capable de rebondir quelle que soit la situation) ? Ou un peu des deux ? En tout cas, aujourd'hui, vous avez rarement du mal à vous adapter : vous prenez la plupart du temps les choses du bon côté et vous restez efficace en dépit des changements d'environnement, d'interlocuteurs, de responsabilité ou de tâches. Mieux même : vous ne vous contentez pas d'être réactif. Vous savez vous remettre en question, initier des changements pour vous créer des opportunités.

De 32 à 48 %
Élevé
Pas de doute, vous savez tirer parti des opportunités, vous ne freinez pas des quatre fers chaque fois qu'un changement s'impose, mais vous êtes souvent déstabilisé en cas de nouvelle donne. Vous ratez parfois le coche parce que vous n'avez pas assez confiance en vous (vous avez peur de vous tromper, de ne pas y arriver). Ou bien par manque de motivation ou de réflexe : vous vous contentez de vous adapter (en limitant les risques, voire la casse) au lieu de mettre la main à la pâte (ou de prendre l'initiative) pour faire bouger les choses. Comment être plus mobile ? En anticipant le changement loin en amont pour mieux vous y préparer et, surtout, mieux en profiter.

De 50 à 74 %
Assez moyen

Est-ce dû à un tempérament anxieux ? Vous n'aimez pas innover, prendre des risques. Ou à un manque d'expérience ? Vous avez mené une vie (et une carrière) d'habitudes. Dès que vous perdez vos points de repère, vous imaginez toutes sortes de complications, d'impossibilités. En tout cas, aujourd'hui, vous avez souvent tendance à perdre beaucoup de vos moyens voire à freiner des quatre fers à la seule perspective d'un changement (d'environnement, d'interlocuteurs, de responsabilités, de tâches...), et vous avez souvent un mal fou à vous adapter. Comment être plus souple ? En pensant les changements en termes d'opportunités (pour améliorer votre situation, votre futur) au lieu de contraintes.

Plus de 74 %
Plutôt bas

Chez vous, le gène (SLCA4) responsable des pensées négatives est-il trop court comme chez les grands angoissés et pessimistes ? Ou avez-vous vécu votre enfance dans un climat d'insécurité (affectif, matériel, social, etc.) ? En tout cas, aujourd'hui, votre niveau d'anxiété est souvent handicapant dans vos activités professionnelles. Vous avez souvent tendance à paniquer ou pour le moins à « bloquer » en cas de changement d'environnement ou d'interlocuteurs. Comment être plus adaptable ? En réduisant votre taux d'anxiété, par exemple avec une meilleure hygiène de vie (les bons dormeurs et les sportifs sont moins anxieux). Et en apprenant à relativiser les événements (par l'humour, le jeu, l'action, la relaxation, la prière, etc.).

Sauter le pas ou non ?

Nous sommes tous tentés, à un moment donné ou un autre, de mettre une croix sur son existence, et de tenter sa chance autrement : une vie à deux, un autre métier, une autre ville, un autre pays. Est-ce le bon moment pour vous ? Ou est-ce pour l'instant prématuré ? Ou encore de la fuite en avant ? Êtes-vous vraiment prêt aujourd'hui pour un nouveau départ ? À voir…

Moins de 32 %
Vous êtes fin prêt
Pas de doute, vous êtes capable de faire table rase du passé et de reconstruire ailleurs une autre vie. Psychologiquement, vous en avez les moyens : vous savez vous remettre en question. L'inconnu, la nouveauté ne vous font pas spécialement peur. Vous avez suffisamment confiance en vous pour rebondir dans un environnement, voire des activités, très différent de celui que vous connaissez actuellement. Un nouveau départ pourrait être très stimulant (en termes de motivation, de carrière). Et, personnellement, vous en avez besoin : vous avez généralement du mal à vous contenter du statu quo, vous cherchez toujours à améliorer les choses chaque fois que c'est possible.

Comment avancer ?
Méfiez-vous de votre impulsivité. Même quand tout va bien, vous avez souvent tendance à imaginer que l'herbe est plus verte ailleurs : vous pouvez lâcher la proie pour l'ombre. C'est peut-être le bon moment pour vous, mais seulement si vous avez un vrai projet de vie et/ou de carrière. C'est le cas ? Alors pas d'hésitation, foncez !

De 32 à 48 %
Vous n'êtes pas encore prêt
Oh, bien sûr, ce n'est pas faute d'y penser parfois. Comme tout le monde, vous rêvez souvent d'une vie meilleure (surtout quand vous êtes en vacances), avec moins de contraintes, plus enrichissante. Même quand tout va bien, vous avez souvent tendance à imaginer que l'herbe est plus verte ailleurs. Vous avez aussi vos grandes crises de ras-le-bol. Chaque fois que votre patron ou votre conjoint font leur mauvaise tête, vous avez envie de claquer la porte et de prendre un nouveau départ. Mais bon, c'est plus de l'ordre du coup de tête, de la velléité, qu'une vraie motivation.

Comment avancer ?
Si en ce moment, vous êtes tenté de vous lancer dans une nouvelle vie, ici ou ailleurs, réfléchissez ! Demandez-vous d'abord si ce n'est pas une sorte de fuite en avant. Et faites un bilan objectif avant de vous décider : quels avantages, quels inconvénients, d'un côté ; et de l'autre, que pouvez-vous en espérer à moyen, puis long terme, etc.

Plus de 48 %
Vous n'êtes pas du tout prêt
Bien sûr, vous avez envie de bouger. Vous avez parfois l'impression de ne pas être heureux dans votre vie, votre métier. Vous vous dites souvent que ce serait mieux pour vous, votre carrière, votre couple… Mais, au fond, vous êtes quelqu'un d'assez stable dans vos habitudes. Quand vous pensez à des changements (environnement, habitat, cadre de travail, vie à deux, etc.), vous voyez plus les complications que cela peut entraîner, les efforts à fournir, les incertitudes, les risques, que les avantages éventuels. Plus ou moins consciemment, vous préférez piétiner dans votre vie (avec des problèmes que vous connaissez bien) plutôt

que vous retrouver confronté à d'autres problèmes. Donc, sauf pression extérieure (on vous pousse) ou proposition vraiment très solide, vous n'êtes pas prêt à un grand saut dans l'inconnu, à la rigueur un tout petit.

Comment avancer ?

En relativisant les risques. Vous vous attendez tout le temps (sans raison valable) à ce que tout tourne mal. Vous avez tort. Bien sûr, dans la vie tout est possible. Mais a priori votre monde ne va pas s'effondrer parce que vous décidez d'améliorer votre vie, voire de faire un grand ou un petit saut dans l'inconnu.

Chapitre 8

Devenir son propre patron

Goût du risque, sens de l'innovation, autorité naturelle, capacité à fédérer une équipe autour d'un projet, autonomie, créativité, etc. Autant de qualités qui font les petits et les grands entrepreneurs dans tous les domaines, ceux qui créent vraiment les richesses et vont chercher la croissance. Toutes peuvent s'exercer aussi bien au sein de l'entreprise pour ouvrir un nouveau marché, une filiale, commencer un projet ambitieux, une nouvelle activité, qu'en dehors pour monter sa propre boîte. Avez-vous l'esprit entrepreneurial ou êtes-vous plus doué pour gérer des acquis ? Êtes-vous enfin mûr pour faire un grand saut dans l'inconnu et vous lancer dans une aventure personnelle ? Cochez chaque fois que vous vous reconnaissez dans les affirmations suivantes.

- ❑ Je m'ennuie très vite quand mon travail devient trop routinier, qu'il ne se passe rien.
- ❑ Être en concurrence, ouvrir un nouveau marché, commencer un projet très ambitieux... Les défis ont plutôt tendance à me stimuler.

- ❑ Je pense qu'on a toujours le choix, même dans les situations les plus difficiles.
- ❑ Je suis plutôt performant dans les moments qui comptent, même si je n'ai pas tous les éléments d'information.
- ❑ Je trouve qu'il faut toujours garder du temps pour faire face aux imprévus, qu'il s'agisse de problèmes ou d'opportunités.
- ❑ Pour moi, ne pas avancer, c'est reculer ; je pense qu'on peut toujours faire mieux.
- ❑ Je suis rapidement à l'aise quand je ne connais pas les gens, même s'ils sont d'un milieu ou d'une culture différents.
- ❑ Je comprends très bien qu'on puisse risquer sa vie en escaladant des montagnes ou en pratiquant des sports extrêmes.
- ❑ Je rebondis plutôt vite (et bien) après un échec ; l'adversité a plutôt tendance à me stimuler.
- ❑ Je dois prendre souvent sur moi pour respecter la hiérarchie, les procédures, les règles…
- ❑ Je ne recule jamais devant l'effort quand je pense que cela peut améliorer les choses.
- ❑ La plupart du temps, je me fie à mon instinct et cela m'a toujours plutôt bien réussi.
- ❑ Je m'efforce d'avoir toujours au moins un coup d'avance sur mes concurrents.
- ❑ En cas de gros problème, je peux recadrer, voir ce qu'il y a de bon, les opportunités, les possibilités offertes.
- ❑ Je me décide toujours très vite en cas d'opportunité ; je laisse rarement passer ma chance.
- ❑ J'aime bien m'amuser à démarrer le premier quand le feu passe au vert.
- ❑ Dans ma vie, j'ai toujours obtenu beaucoup de choses au culot.
- ❑ Même très impliqué dans mon travail, ma boîte, je garde toujours un œil sur ce qui se passe ailleurs.

- ❑ Si cela en vaut le coup, je peux faire l'impasse sur ma vie privée pour me concentrer complètement sur mon travail.
- ❑ J'ai toujours plusieurs cordes à mon arc, des scénarios, des solutions de remplacement.
- ❑ Quand j'ai le choix entre des résultats incertains, mais prometteurs, et la routine, je préfère presque toujours prendre des risques.
- ❑ Je trouve que, dans la vie, on n'a souvent que ce qu'on mérite.
- ❑ Pour moi, toutes les épreuves sont des occasions de se renforcer.
- ❑ Je pense souvent que j'ai toujours eu beaucoup de chance dans la vie.
- ❑ Je trouve qu'il vaut mieux avoir des partis pris forts qu'essayer de faire plaisir à tout le monde.
- ❑ Je n'aime pas avoir quelqu'un sur mon dos quand je travaille ; je suis plus performant quand je peux m'organiser comme je veux.
- ❑ Je pense que pour obtenir le meilleur des gens, il faut leur demander le meilleur.
- ❑ Dans une situation donnée, ce qui m'intéresse d'abord, ce sont les potentialités à long terme, les avantages futurs.
- ❑ Je ne rumine pas indéfiniment quand je me suis trompé ; j'analyse pourquoi, comment (pour ne pas faire deux fois la même erreur) et je tire un trait.
- ❑ Quand j'ai besoin d'aide dans mon travail, pour régler un problème, je l'obtiens facilement.
- ❑ Je trouve qu'il ne faut jamais se contenter de réagir aux événements, toujours être une force de proposition.
- ❑ Je me sens plutôt confiant quand je pense à mon avenir professionnel ; je sais que, d'une manière ou d'une autre, je m'en sortirai toujours.
- ❑ Je ne suis jamais contre un bon petit conflit s'il peut faire avancer les choses.

- ❑ Je me sens plus chasseur que cueilleur, plus nomade que sédentaire.
- ❑ Je me soucie assez peu de ce que les autres pensent de moi ; seuls comptent mes résultats.
- ❑ J'ai plutôt des a priori très positifs envers les autres ; je ne vois pas le mal partout.
- ❑ J'aime bien partir à l'aventure quand je voyage, découvrir des endroits étranges, inhabituels.
- ❑ Je suis toujours très efficace quand je dois travailler dans l'urgence, même si je n'ai pas beaucoup dormi.
- ❑ Quand les choses changent ou évoluent, je suis capable de revoir ma copie et de m'adapter.
- ❑ On m'a souvent reproché de négliger un peu trop les contingences matérielles.

Comment analyser vos résultats ?

Comptez le nombre de cases que vous cavez cochées, et reportez-vous au profil correspondant.

Moins de 20
Vous êtes plus manager qu'entrepreneur
Bien sûr, vous avez parfois envie de « bouger ». Notamment quand vous avez l'impression de piétiner, de ne pas être heureux dans votre emploi. Vous vous dites que ce serait mieux pour votre carrière, etc. Mais, au fond, vous n'avez pas vraiment la fibre entrepreneuriale. Sens du concret, solide logique, goût des procédures, facilités pour prendre des décisions : vous êtes plutôt un excellent « opérationnel ». Vous êtes plus doué pour organiser (élaborer un plan de travail, fixer les étapes pour atteindre un objectif donné), assurer le suivi du projet (gérer les informations, les tâches, les événements pour optimiser les performances) que pour

élaborer des stratégies et des plans d'action à long terme avec tout ce que cela suppose d'impondérables.

De 20 à 30
Vous avez le profil idéal du « manager-entrepreneur »
Prise d'initiative : vous êtes une force de proposition, d'action, plutôt que simplement réactif. Sens de l'innovation : vous avancez souvent des scénarios, des solutions, des méthodes, auxquels les autres n'avaient pas pensé. Goût du risque : vous préférez de l'incertain très ambitieux à du sûr à faible rentabilité... Vous avez a priori beaucoup d'atouts pour jouer les entrepreneurs. Mais vous avez aussi tendance souvent à sous-estimer les impératifs administratifs. Alors, si vous êtes tenté de voler de vos propres ailes, réfléchissez ! Demandez-vous d'abord si ce n'est pas une sorte de fuite en avant. Ou s'il n'est pas préférable, pour vous, d'exercer vos talents d'entrepreneur dans un cadre déjà donné au lieu de monter une usine à gaz.

Plus de 30
Vous êtes mûr pour monter votre propre boîte
Pas de doute, c'est peut-être même le bon moment pour vous. Vous avez les capacités requises : le goût du risque (l'inconnu, la nouveauté ne vous font pas peur), l'enthousiasme (vous avez conscience de votre valeur), le flair (vous savez d'instinct ce qui peut marcher), l'autonomie (au fond, vous avez du mal à vous plier à l'autorité, aux règles imposées par les autres). Vous êtes aussi fait pour diriger (constituer et motiver une équipe gagnante). Et d'un autre côté, vous avez suffisamment de pragmatisme pour gérer les contraintes d'une entreprise, et le recul nécessaire pour vous projeter dans le long terme, anticiper. Bref, si vous avez dans vos cartons un vrai projet, pas d'hésitation, foncez !

Chapitre 9

Travailler plus pour gagner plus ?

C'est le nerf de la guerre, même s'il ne fait pas le bonheur. Il y a ceux qui l'aiment assez pour se faire payer à leur juste valeur, se motiver (pour en gagner plus), faire des budgets (et les respecter), penser aux profits, à la rentabilité, aux performances financières... Et ceux qui l'aiment mal, au point de surestimer leur valeur sur le marché, de courir après des châteaux en Espagne, de tout lui sacrifier (principes, amitiés, vie privée, etc.), de ne pas assez calculer, planifier, contrôler.

Pour certains, l'argent est une carotte, pour d'autres, un frein...

Aimez-vous l'argent (trop ou pas assez) ?

Il n'a pas d'odeur, mais parfois il empeste. Faites-vous les bons choix financièrement ? Êtes-vous prêt à tout pour quelques dollars de plus ? Ou, au contraire, faites-vous partie de ceux ou celles qui sont incapables de réclamer leur dû ?

Dans quelle catégorie vous situez-vous ? Cochez chaque fois la proposition qui vous correspond le plus.

En CM 2 :

a. Je m'emparais de toutes les pièces jaunes de la maison et je les dépensais en bonbons
b. Je volais toutes les semaines dans le porte-monnaie de ma maman
c. Je cachais ma tirelire pour être sûr que personne n'y touche
d. Je trouvais que j'étais nettement plus mal habillé que mes camarades de classe

Adolescent, mes parents me donnaient de l'argent de poche :

a. Chaque fois que je le demandais
b. Rarement
c. Seulement quand je l'avais mérité
d. À peu près régulièrement

Mes notes de frais :

a. On me demande souvent de les réduire
b. J'ai tendance parfois à les gonfler
c. J'y inscris le moindre centime dépensé
d. Je me les fais rarement toutes rembourser

Ma solution pour redresser rapidement une entreprise en difficulté :

a. Procéder à une augmentation du capital
b. Geler les investissements
c. Réduire la masse salariale
d. Augmenter le temps de travail (sans augmenter les salaires)

Quand on me demande combien je gagne par mois :
- a. Je triche à la hausse
- b. J'envoie promener l'indiscret
- c. Je triche à la baisse
- d. Je dévie la conversation

Aujourd'hui, pour réussir, je pense qu'il faut d'abord :
- a. Avoir beaucoup de chance
- b. Des relations bien placées
- c. Beaucoup travailler
- d. Ne pas être timide

Quand j'établis un budget :
- a. Je vois large, il y a toujours des dépenses imprévisibles
- b. Je cherche le meilleur rapport qualité/prix, la rentabilité maximale
- c. Je calcule serré en traquant les dépenses inutiles
- d. Je me contente des grandes lignes, je ne rentre pas dans les détails

Quand on me demande une augmentation ?
- a. Je l'accorde facilement, même quand elle n'est pas dans le budget
- b. Je demande une contrepartie, des assurances en échange
- c. J'ai toujours du mal à dire oui, même si je sais qu'elle est méritée
- d. J'ai du mal à dire non, même quand je sais qu'elle n'est pas méritée

Quand on me prive de l'argent qu'on me doit :
- a. Je négocie à l'amiable pour en récupérer une partie
- b. Je me sens humilié et je cherche un moyen pour me venger

c. Je harcèle jusqu'à ce que je l'obtienne
d. Je suis déçu, mais je n'ose pas réclamer

Dans les négociations commerciales :
a. Mon dossier est bien préparé, j'ai une marge de manœuvre pour m'adapter
b. Pour moi, c'est un combat avec un gagnant et un perdant
c. Je me sens souvent un peu sur la défensive
d. J'ai tendance à faire facilement des concessions

Quand je confie la gestion d'un budget à quelqu'un :
a. Je fais confiance a priori
b. J'évite autant que possible, je préfère garder le contrôle
c. J'exige des comptes-rendus réguliers et précis
d. Je me sens soulagé, débarrassé d'une corvée

Le bon métier, c'est celui qui :
a. Est épanouissant.
b. Rapporte un maximum.
c. Dure longtemps.
d. Ne prend pas la tête.

Bill Gates, l'homme le plus riche du monde (51 milliards de dollars), m'inspire plutôt :
a. De l'admiration
b. De l'antipathie
c. De l'envie
d. De la méfiance

Le crédit, c'est fondamentalement :
a. Le seul moyen pour s'offrir tout, tout de suite
b. Fait pour les blaireaux

c. Une gigantesque arnaque
d. Un danger pour les ménages

Si je décroche la Super Cagnotte du Loto :
a. Je me paie tout ce dont j'ai envie
b. J'investis dans un gros paquet de Millionnaire
c. J'achète une maison
d. Je donne tout à mes parents

Je trouve un billet de 100 euros par terre dans un café :
a. Je demande autour de moi si quelqu'un l'a perdu
b. Je le ramasse discrètement et, hop, dans ma poche ni vu ni connu
c. Je le dépose au plus proche commissariat
d. Je le donne à un SDF

Comment analyser vos réponses ?

Comptez le nombre de *a*, *b*, *c* et *d*, et reportez-vous au profil correspondant (ou aux profils correspondants si vous avez moins de deux points d'écart entre deux valeurs).

VOUS L'AIMEZ TROP
Majorité de *a*
Type flambeur
Devise : « Je prends tout, je donne tout. »

Vous aimez l'argent d'abord pour ce qu'il peut vous offrir (confort, plaisirs, luxe). C'est votre nerf du désir, le moteur de vos passions, le moyen de réaliser toutes vos envies. Vous avez plutôt une mauvaise connaissance des mécanismes économiques (ils ne vous intéressent pas vraiment), vous vous souciez peu de profit et vous ne faites pratiquement pas de calcul de rentabilité. Plutôt optimiste d'un point de vue économique, vous dépensez beaucoup de manière impulsive et vous anticipez peu les problèmes. D'où, souvent, des soucis financiers. Vous devez apprendre la rétention (à dire non à vous et aux autres...) pour ne pas faire exploser les budgets. Et bien vous entourer pour limiter les risques si vous vous lancez dans le business à titre personnel.

Votre sociotype

Classe moyenne montée dans l'échelle sociale (vivant à Paris ou en grande ville), plutôt arriviste (dans le bon sens du terme), à la fois bosseur et hyper-consommateur (boulimique de signes, fashion victim, etc.). Parfois, un côté nouveau riche, brutal et décomplexé (faune des médias, de la pub, du cinéma, de la mode).

Votre problème psy

Une mauvaise image de soi. Votre rapport à l'argent est du même type que celui d'un boulimique avec la nourriture : vous vous empiffrez avec l'argent (vous êtes doué pour en gagner), mais vous êtes incapable de le garder (dépenser = vomir ou déféquer). Car, au fond, vous n'avez pas le sentiment de mériter l'argent que vous gagnez (de même, inconsciemment vous ne méritez pas l'amour qu'on vous a donné).

Vos risques

Ceux de la vie à crédit et de la spirale infernale du surendettement. Vous dépensez toujours plus que ce que vous gagnez et vous passez votre vie à courir après l'argent pour éponger vos dettes les plus pressantes. Le pire : plus vous grimpez dans l'échelle des salaires, plus vous creusez votre tombe (financière), car plus vous flambez. Conséquences : visites fréquentes d'huissiers, faillite personnelle (mise sous tutelle par la Banque de France) ou fuite à l'étranger. De toute façon, à terme vous finissez SDF (vous n'avez pas pensé à capitaliser pour votre retraite), vous vous nourrissez de rogatons ramassés sur les marchés, en attendant avec impatience la réouverture des Restos du cœur.

Ce que vous devez faire

Mettre systématiquement de côté 10 % de ce que vous gagnez. Pour vous faire une cagnotte mais aussi une thérapie (apprendre la rétention, à dire non à vous et aux autres...).

Majorité de *b*
Type vénal

Devise : « Je prends tout, je ne donne rien. »

Pour vous, l'argent est d'abord un moyen d'affirmation de soi. En avoir ou pas, cela fait toute la différence. Vous aimez (trop) l'argent pour le pouvoir qu'il peut vous assurer (bonne image personnelle, prestige social, domination des autres). Du coup, vous êtes prêt à tout pour vous en procurer : racketter vos parents, vos amis, faire des travaux de mercenaire, piller un Paulo, épouser une héritière... Et vous n'en avez jamais assez : vous êtes tout le temps en train de monter des plans pour soutirer plus d'argent (aux autres, à votre boîte), et la bonne fortune des autres vous rend toujours envieux. Pas très généreux non plus : vous pouvez ne pas regarder à la dépense quand c'est pour vous (bien-être, standing et image de marque personnelle), mais vous êtes plutôt pingre pour les autres. Pour un projet, un budget, vous pensez d'abord à la rentabilité. En général, vos budgets sont plutôt préparés et suivis (vous analysez les écarts au vu des résultats). Et quand vous déléguez, vous vous assurez que tout le monde a des chiffres précis pour bien gérer.

Votre sociotype

Plutôt déclassé : une famille qui a rétrogradé socialement, une famille nombreuse avec fratrie en rivalité (vous n'avez pas eu « votre part du gâteau »), ou encore canard boiteux (Cendrillon, bâtard). À la fois dans l'envie (de ce que les autres ont) et la rétention (de ce que vous avez, vous).

Votre problème psy

Le manque, le sentiment très profond de ne pas valoir grand-chose (« je n'ai pas l'amour, alors je prends l'argent »), souvent dissimulé (bluff narcissique, frime sociale...). Vous avez le même rapport avec l'argent qu'un toxicomane avec sa drogue : c'est votre objet du désir qui remplace tous les autres(l'affection, l'amour, le sexe...). Forcément, il devient une idée fixe : plus vous en avez, plus vous devenez dépendant et plus vous cherchez à en avoir (par tous les moyens).

Vos risques

Ceux de l'argent facile : délinquance (fauche, vol à l'étalage, deal de drogue, arnaques), vénalité (vous devenez call-girl, vous épousez pour l'argent), corruption (vous touchez un pot-de-vin pour fermer les yeux), délits financiers (abus de biens sociaux, recel, etc.), fraudes crapuleuses (vous vendez du sang contaminé, des vaches folles...). Vous vivez dans la paranoïa (hors la loi, avec la peur permanente qu'on vous vole votre argent) et vous finissez parfois mal (en prison).

Ce que vous devez faire

Donnez systématiquement 10 % de tout ce que vous gagnez (ou extorquez) à des œuvres. Et apprenez à lâcher parfois un peu du lest : l'argent est aussi une motivation pour les autres.

VOUS NE L'AIMEZ PAS ASSEZ
Majorité de *c*
Type radin
Devise : « Je prends rien, je ne donne rien. »

Pour vous, l'argent est d'abord un moyen de protection. Vous en avez besoin (comme tout le monde, mais beaucoup plus) pour vous sentir en sécurité : sur le plan matériel, mais aussi comme un gri-gri pour tenir à l'écart le mauvais sort. Votre rapport à l'argent est ambigu. D'un côté, il vous dégoûte un peu : vous n'êtes pas très doué pour en gagner beaucoup (vous êtes plutôt un laborieux), vous n'avez pas le réflexe « bon plan » (vous vous méfiez quand c'est trop beau). De l'autre, vous faites une fixation sur l'argent que vous avez : vous dépensez au minimum, vous êtes très regardant pour vous et les autres, vous avez toujours peur qu'on vous arnaque (les commerçants, votre petit ami, vos copines...). Et vous avez l'esprit obnubilé : profit, rentabilité, performances financières... En général, vos budgets sont « sévères », décortiqués dans le détail, suivis de très près et gérés à l'économie.

Votre sociotype
Appartenant plutôt au ventre mou de la France (bourgeoisie ou petite bourgeoisie réactionnaire de province), à la fois réticent à l'idée d'évoluer (grimper dans l'échelle sociale) et vivant dans l'angoisse obsessionnelle d'être déclassé.

Votre problème psy
La peur de l'abandon. Chez vous l'argent joue le même rôle que la nourriture chez les anorexiques : en vous privant (d'en gagner et d'en dépenser), vous luttez contre vos propres sentiments de culpabilité (dus souvent à des rapports ambivalents d'amour-haine avec la mère). Vous prenez peu

pour donner encore moins, et de cette manière, éviter le conflit et donc le risque de rupture.

Vos risques
Ceux des fourmis (trop de temps passé à travailler souvent pour des « clopinettes »), des médiocres (RMiste et fier de l'être, bourgeoise qui zone chez Tati, intello loser improductif...) et des rats (pas d'enfants, de plaisirs, qui coûtent trop cher). En plus, vous n'êtes pas sympathique avec les cigales, manquant de générosité pour donner de votre temps, de vous-même, ou faire des cadeaux quand ils ne vous rapportent rien. D'où une réputation d' individu intéressé, un racornissement et une mort lente (sociale, amicale).

Ce que vous devez faire
Vous devez apprendre à voir moins serré (il faut investir pour gagner) et à prendre un peu plus de risques (vous laissez souvent passer des occasions parce que vous optez systématiquement pour la solution prudente). Et cassez de temps en temps votre tirelire pour faire une grande fête où vous invitez tout le monde (surtout les gens qui ne vous trouvent pas sympathique).

Majorité de *d*
Type complexé
Devise : « Je prends rien, je donne tout. »

Pour vous, l'argent reste un tabou. Avec l'argent, vous avez des rapports assez coupables. Est-ce lié à votre éducation ou à un idéal moral ? Peu importe : vous êtes mal à l'aise pour en parler (vous n'osez pas réclamer l'argent qu'on vous doit, revendiquer une augmentation) et vous avez honte d'en gagner. Quand c'est beaucoup (pour vous), vous avez presque l'impression d'être un voleur et vous attribuez vos succès plus à la chance ou à l'indulgence des autres qu'à vos seuls mérites. Du coup, vous faites souvent l'impasse sur l'économique. Vous gérez vos budgets à la louche en faisant souvent l'autruche et vous déléguez un peu trop facilement (vous n'exercez pas assez de contrôle) pour vous débarrasser. Et vous avez beaucoup de mal à capitaliser ; l'argent vous file entre les doigts (vous ne savez pas comment), vous le perdez ou encore vous le donnez aux autres (pour vous déculpabiliser).

Votre sociotype
Classe moyenne frileuse (prolétaire vertueuse, employée dévouée, travailleur social...), plutôt bûcheur mais sans ambition (vous ne vous autorisez pas à dépasser vos parents), généreux même quand vous tirez le diable par la queue.

Votre problème psy
Le refus de la jouissance. Votre rapport à l'argent est tel que celui des masos à l'amour. Comme eux, vous êtes persuadé (inconsciemment) de ne pas valoir grand-chose, donc vous ne méritez pas de gagner de l'argent (pas plus que d'être aimé), en tout cas pas beaucoup et encore moins d'en profiter.

Vos risques
Rester au-dessous de vos réelles possibilités (gagner peu, petitement) par peur du succès, piétiner dans des petits boulots ou stagner dans un emploi parce que vous n'osez pas vous vendre à votre vraie valeur. Vous faire exploiter par votre famille, vos amis, vos amants, arnaquer par votre patron, parce que vous êtes coincé (timide, autiste) dès qu'il est question d'argent et que vous avez aussi tendance à payer (pour avoir l'amour).

Ce que vous devez faire

Vous n'aurez peut-être jamais la fibre financière (et comptable). Mais faites un effort quand même pour préparer et suivre un peu mieux vos budgets (calcul de rentabilité, chiffres précis, analyses régulières, etc.)

***a*, *b*, *c* et *d* plus ou moins égal**

Type sain

Devise : « Je prends peu, je donne peu ; je prends beaucoup, je donne beaucoup. »

Vous n'avez rien contre l'argent, mais vous n'en faites pas une obsession. Pour vous, l'argent est utile, pratique, nécessaire, mais il n'apporte rien ni sur le plan affectif ni sur le plan spirituel. C'est un moyen, jamais une fin, un projet, une ambition.

Votre idéal

En avoir assez pour profiter de la vie (en consommant avec modération), mais pas trop au point qu'il devienne une contrainte (il faudrait y penser souvent, s'en occuper) ou une source de soucis (cela complique les choses et les relations). Vous ne vous sentirez pas plus heureux, vous n'aurez pas plus de satisfaction, avec un giga-compte en banque. En plus, trop d'argent, c'est franchement immoral : des affreusement riches (individus, pays) impliquent forcément (voir les théories des flux monétaires) des terriblement pauvres.

Chapitre 10

Bien faire les choses

Avant la crise, on sentait déjà comme un parfum de démotivation chez les cadres (voir *Bonjour paresse : de l'art et la nécessité d'en faire le moins possible en entreprise*, de Corinne Maier, Éditions Michalon, 2004). Depuis, c'est pire : la foi a déserté les bureaux clos comme les open-spaces. « Travailler plus pour gagner plus » passe pour une galéjade. Pourquoi se décarcasser quand tous les indicateurs sont dans le rouge, quand on ne sait pas, ou plus, à quelle sauce on sera mangé demain ? Pourquoi ? Par conscience professionnelle. La conscience professionnelle, ce qu'on appelait autrefois l'amour du travail bien fait, c'est ce qui fait toute la différence. Au fond, elle implique fiabilité, motivation, persévérance, mais aussi expérience et sens des responsabilités. Toutes qualités indispensables à qui veut réussir.

Avez-vous une conscience professionnelle ?

Le facteur « conscience professionnelle » mesure les différences individuelles en matière de recherche de performance (dans l'organisation et l'action), d'implication dans le travail, de stabilité des motivations et d'investissement dans des projets à long terme. Certains en ont plus que d'autres (la conscience professionnelle est un thème inévitable des tests de recrutement). Est-ce votre cas ? Choisissez, pour chaque situation, la réponse que vous jugez la plus appropriée.

1/ On a pris du retard, je sais qu'on ne pourra peut-être pas respecter les délais prévus avec un client :
   a. Je l'informe immédiatement de nos difficultés, en lui disant qu'on fera tout pour rattraper notre retard.
   b. Je l'assure que tout se passe bien, en croisant les doigts pour qu'on arrive à livrer en temps et en heure.

2/ Quand mon patron me donne un travail ennuyeux à faire ou me demande d'aller annoncer une mauvaise nouvelle à un client peu accommodant :
   a. Je le fais en temps et en heure, même si je dois beaucoup prendre sur moi.
   b. J'ai tendance à me trouver toutes sortes d'excuses, d'urgences, pour repousser autant que possible la corvée.

3/ Un dimanche matin, je reçois un mail d'un collègue appelant à l'aide pour un travail qu'il aurait pu tout aussi bien faire lui-même :
   a. Je décide de réaliser ce travail séance tenante, rien que pour satisfaire le client qui n'en demandait sans doute pas autant.

b. Je fais le mort, après tout c'est son problème et j'ai bien mérité mon dimanche.

4/ Mon patron m'impose une décision que je trouve complètement irrationnelle et, à terme, préjudiciable pour tout le monde :
a. Je cède, même si je ne suis pas d'accord, et je fais tout pour que cela se passe au mieux.
b. Je fais tout pour l'en dissuader, quitte à aller jusqu'au clash et démotiver l'équipe.

5/ Quand on me confie une nouvelle mission :
a. Je commence par élaborer (pour moi-même ou les autres) un plan de travail, je fixe des étapes de façon à créer les meilleures conditions pour atteindre les objectifs définis.
b. J'entre le plus vite possible dans le vif du sujet : l'essentiel, c'est de s'y mettre, ensuite je vois en fonction des circonstances et des réactions.

6/ Alors que je suis déjà surchargé de travail, mon patron veut me confier un nouveau dossier :
a. Je refuse en lui expliquant que ma charge de travail ne me permettra pas de le traiter correctement.
b. Je n'ose pas lui dire non parce que je veux qu'il ait une bonne opinion de moi.

7/ C'est la tuile, un événement extérieur compromet un projet, tout notre plan d'action :
a. Je m'accroche pour atteindre malgré tout l'objectif, ou du moins jusqu'à ce que j'aie la preuve que celui-ci n'est plus valide.
b. Je me dis qu'on n'a plus aucune chance et je me consacre à un projet plus prometteur.

8/ Grosse grippe, 39 degrés de fièvre, j'ai la tête à l'envers :

a. Je me fais porter pâle, de toute façon je ne suis bon à rien, il est inutile d'aller en plus contaminer les autres.
b. Je vais quand même au bureau, le travail n'attend pas, je ferai ce que je pourrai.

9/ Quand on est débordés de travail :

a. Je m'impose des dates limites et des quotas : tant de temps pour faire ceci ou cela.
b. J'ai tendance à chercher à trop bien faire ou à en faire trop, résultat : je perds beaucoup de temps, je dois recommencer certaines choses…

10/ Avant de confier le travail de X, qui m'a déçu, à Y :

a. Je réfléchis à la portée et aux conséquences de cette décision (par rapport aux personnes concernées, à l'équipe…).
b. Je sais que Y fera mieux le travail ; pour le reste, ils s'arrangeront entre eux.

11/ Depuis que c'est la crise, tout est devenu beaucoup plus dur dans la boîte (plus de pression, de stress, d'agressivité…) :

a. J'arrive à rester efficace, même si ce n'est pas très drôle tous les jours.
b. Je me sens moins motivé, je remarque que je prends moins d'initiatives et que mes performances ont tendance à chuter.

12/ À chaque veille de vacances :

a. J'essaie de tout faire pour que tout soit « parfait », résultat : je quitte le bureau à des heures indues.

b. Je me contente de régler les urgences, tant pis si j'oublie quelque chose, la Terre ne s'arrêtera pas de tourner pour autant !

Comment analyser vos résultats ?

Comptez le nombre de *a* et *b* que vous avez obtenus, puis reportez-vous au profil correspondant.

Moins de 5 *a*
Pas de doute, soit vous êtes très fatigué en ce moment (personne ne vous jettera la pierre), soit vous n'attendez depuis toujours qu'une chose : votre chèque fin de mois. Faire correctement ce pour quoi vous êtes payé, au fond, vous indiffère complètement. Et vous vous trouvez souvent toutes sortes d'excuses (on vous en demande toujours trop, trop vite, plus, on ne vous donne pas les moyens, votre chef est un crétin...) pour en faire le moins possible, remplir les heures. Votre travail ne vous intéresse pas du tout ou si peu ? Trouvez-vous un emploi (ou créez-le) qui vous plaît vraiment.

De 5 à 9 *a*
Vous ne rechignez pas à la tâche (vous êtes plutôt un bosseur). Vous n'êtes pas du genre à bâcler ou à vous dérober (en ergotant, en traînant des pieds, en « oubliant », etc.). Vous avez le sens du devoir et de vos obligations (envers les autres, l'entreprise). Vous n'avez pas tendance à renoncer trop vite en cas de difficultés (supposées ou réelles). Mais dans des situations décevantes et/ou hostiles, avec de plus en plus de pression, en cas d'échecs répétés, vous pouvez perdre en efficacité, voire devenir négligent. Montrez-vous plus proactif : à nouvelles données, nouvelles initiatives.

Plus de 9 *a*

100 % fiable, motivé, persévérant... Plus consciencieux que vous, c'est rare ! Vous vous donnez à fond dans votre travail, même en l'absence d'avantages personnels directs, immédiats, même quand presque tout va mal, quand les affaires sont décevantes, le climat hostile, les situations plus dures. Vous restez efficace malgré la pression ou les échecs. Le problème : quand votre conscience professionnelle vous pousse à en faire un peu trop. Inévitablement au détriment d'autres choses, notamment votre santé ou votre vie personnelle (famille, enfants). N'oubliez pas : le mieux a toujours été l'ennemi du bien !

Partie III

Je désamorce mes comportements d'échec

Dans cette partie…

Au fond, qu'est-ce qui fait qu'on réussit ? Nos amis anglais répondraient : le *fight spirit,* ce fameux « esprit de combat » sans lequel rien n'est possible. Ni terrasser le mammouth pour nourrir sa caverne, ni terrasser Hitler pour avoir la paix, ni marcher sur la Lune, ni monter sa petite entreprise ou diriger une multinationale.

Mais nous avons tous ce que les spécialistes appellent des « programmations d'échecs », constituées par nos propres faiblesses et les messages négatifs reçus pendant l'enfance, venant des parents, des profs et des autres enfants.

D'autant plus que nous vivons dans une civilisation de l'image où l'on se sent toujours inférieur aux modèles de performance proposés par la pub et les médias.

Dans les chapitres suivants, il est question de tout ce qui peut saper malgré soi les meilleures intentions : comment vous pouvez être votre plus grand ennemi ou votre meilleur ami !

CHAPITRE 11

(RE)PRENDRE SA VIE EN MAIN

« C'est comme ça ! » Oui, parfois. Mais, pas toujours. Dans la vie, il y a des montagnes, mais il y a aussi de la foi. Vous pouvez piétiner dans votre existence ou, au contraire, l'améliorer. Reprendre sa vie en main, sauf cas extrême qui demande de prendre des mesures radicales, ce n'est pas si difficile. Cela demande de lutter contre nos peurs et , il faut bien le dire, une certaine paresse qui se trouve toutes sortes de bonnes excuses. La plus classique : faire passer les autres en premier, s'occuper de tout le monde au lieu de soi-même. On n'avance pas, on végète, mais on a bonne conscience !

Qu'est-ce qui vous empêche d'avancer ?

Comment prendre ou reprendre votre vie en main ? D'abord, en identifiant vos sources de blocage pour les neutraliser. Cochez chaque fois que vous vous reconnaissez dans les affirmations suivantes.

- ❑ J'ai toujours beaucoup de mal à me débarrasser des « pots de colle » (dans les soirées, au téléphone...). (a)
- ❑ Je n'aime pas trop (je déteste même souvent) qu'on touche à mes affaires. (b)
- ❑ Quand je me sens déprimé, j'ai tendance à faire des orgies de chocolat (et/ou à m'avachir devant la télé). (a)
- ❑ J'ai souvent l'impression que quelque chose de désagréable va m'arriver. (b)
- ❑ Je préfère aller acheter mes vêtements avec une amie pour me conseiller. (a)
- ❑ J'ai du mal à rester tranquillement assis à ne rien faire et à me sentir détendu ; je préfère être occupé. (b)
- ❑ Je repense souvent à mon enfance avec nostalgie. (c)
- ❑ J'ai souvent peur que les gens me prennent pour une poire ou, au contraire, pour quelqu'un d'intéressé. (b)
- ❑ Cela fait des années que je n'ai pas pris plus de quinze jours de vacances d'affilée. (b)
- ❑ Je suis toujours attiré par le même genre de partenaire. (c)
- ❑ Mes parents se souviennent de moi comme d'un enfant capricieux (ils me l'ont souvent dit). (c)
- ❑ Dans mon travail, j'ai souvent tendance à faire plus que ce pour quoi je suis payé. (e)
- ❑ J'ai plus d'une fois raté le train ou l'avion. (a)
- ❑ Je n'ai jamais dîné tout seul dans un restaurant. (a)
- ❑ Je n'ai jamais « dragué » ; j'ai toujours attendu que les personnes qui me plaisaient m'abordent. (b)
- ❑ Je n'ai jamais habité tout seul (ou alors pas plus de trois mois). (a)
- ❑ Quand j'ai un problème avec quelqu'un (à la maison, au bureau), je m'efforce d'être gentil pour arranger les choses. (d)

- ❑ J'ai du mal à passer une journée entière sans voir personne ou sans téléphoner ; cela ne m'arrive pour ainsi dire jamais. (c)
- ❑ Quand je décide avec des amis de partir (sorties, week-end, vacances...), c'est souvent moi qui me charge de tout organiser. (e)
- ❑ J'ai déjà supplié (presque à genoux) quelqu'un pour qu'il ne me quitte pas. (d)
- ❑ Il m'est arrivé de ressentir une impression de soulagement après avoir été quitté. (d)
- ❑ Je n'ai pas mon permis de conduire (si plus de 18 ans). (a)
- ❑ En cas de conflit avec quelqu'un, j'ai l'impression que tout est fini (par exemple, quand une amie me fait une scène, j'ai peur de ne plus la revoir). (d)
- ❑ Pour être efficace dans mon travail, j'ai besoin qu'on me dise très clairement ce qu'on attend moi, ce que j'ai à faire. (d)
- ❑ Je trouve que les autres sont souvent trop exigeants à mon égard. (a)
- ❑ Je suis, ou j'aurais bien aimé être fonctionnaire. (e)
- ❑ Je me demande souvent ce que les autres me trouvent d'intéressant. (e)
- ❑ Je ne me repose pas vraiment quand je pars en vacances ; j'en fais souvent plus qu'à la maison. (e)
- ❑ Amoureux, j'ai tendance à rester collé à mon téléphone en attendant que l'autre appelle ; je n'ose plus rien faire de peur de rater son coup de fil. (c)
- ❑ Quand quelqu'un (parent, ami...) dit du mal devant les autres d'une personne que j'apprécie, je ne prends pas sa défense. (d)
- ❑ Pour plaire à mon partenaire, je pourrais me faire refaire les seins ou le nez. (d)

- ❑ Je n'aime pas qu'on me remercie. Les compliments, les cadeaux me mettent souvent mal à l'aise. (e)
- ❑ Je pense que, quand on s'aime, on doit tout faire ensemble (sortir, manger, dormir...), sinon ce n'est pas vraiment de l'amour. (e)
- ❑ Je n'ai pas choisi l'endroit où j'habite. (d)
- ❑ Je ne compte plus les livres, les CD ou les vêtements que j'ai prêtés et qu'on ne m'a jamais rendus. (e)
- ❑ Enfant, ma mère prenait toujours mon parti en cachette de mon père. (c)
- ❑ Je ne me sens pas très bien quand l'ex de mon conjoint rôde dans les parages. (b)
- ❑ J'ai tendance à m'effondrer au moindre reproche. (d)
- ❑ J'ai tendance à idéaliser les autres (et à tomber souvent de haut). (d)
- ❑ Je peux rester des heures enfermé chez moi, sans rien faire de particulier. (a)
- ❑ J'aime me rendre indispensable. (e)
- ❑ On m'a souvent reproché d'être un peu trop esclave de mes habitudes. (a)
- ❑ Je pense que je fais les choses plutôt mieux que les autres. (b)
- ❑ Quand j'ai rendez-vous, j'arrive toujours en avance (souvent très en avance même). (b)
- ❑ J'accorde une grande attention à ma réputation personnelle. (c)
- ❑ Rendez-vous, dîners... je suis presque toujours très en retard. (c)
- ❑ J'aime bien faire des folies de temps en temps dans les boutiques. (c)
- ❑ Je pense être quelqu'un de très désintéressé. (e)
- ❑ Je pense qu'on a tous une moitié idéale quelque part : il suffit de la trouver. (c)

- ☐ La veille d'un événement important (examen, entretien professionnel, déménagement...), je n'arrive pas à m'endormir. (b)

Comment analyser vos réponses ?

Comptez le nombre de fois où vous avez répondu « oui », multipliez par 2, divisez ce chiffre par 10 : vous obtenez une note (comprise entre 0 et 10). Puis reportez-vous au paragraphe correspondant.

4,4 et moins
Vous avancez
Bravo ! Vous savez quelles sont vos priorités, vous avez l'énergie et la volonté nécessaires pour prendre votre vie en main. Capable d'analyser vos échecs, de surmonter vos ressentiments, vous avez suffisamment de ressources psychologiques pour faire face aux difficultés. Qu'est-ce qui pourrait vous freiner en cas de déprime ou de doute ? Quel genre de problèmes pourriez-vous avoir ? Cela dépend du plus grand nombre de symboles que vous avez récoltés. Faites vos comptes et reportez-vous au profil correspondant.

Plus de 4,4
Vous n'avancez pas
Pas de doute, vous n'êtes pas actuellement dans une dynamique de succès. Trop de problèmes ? D'habitudes à changer ? De complexes ? Un sentiment d'infériorité ? En tout cas, vous avez besoin de reprendre votre vie en main. Qu'est-ce qui vous en empêche ? Comptez les différents symboles que vous avez obtenus et reportez-vous au profil correspondant.

Majorité de *a*

Vous manquez trop de confiance en vous

De vous-même, vous prenez peu d'initiatives. Vous voyez bien les problèmes (qu'est-ce qui ne va pas dans votre vie, ce qu'il faudrait faire pour améliorer les choses), mais vous ne passez pas à l'action. Ou quand vous tentez de le faire, vous renoncez très vite à la première opposition. Bref, vous vous en remettez trop aux autres (pour prendre des décisions, pour faire avancer les choses).

Comment (re)prendre votre vie en main ?

Obligez-vous à faire des choses, des projets, tout seul (particulièrement si vous êtes en couple). Commencez par le plus facile : une sortie au cinéma (enfin, vous allez voir les films que vous aimez), des vacances avec une amie. Ensuite, posez-vous les vraies questions : comment avez-vous envie de vivre, avec qui, en faisant quoi ?

Majorité de *b*

Vous êtes un peu trop frileux

Ayant besoin de stabilité (environnement, habitat, décoration de la maison, cadre de travail...), d'habitudes (les mêmes choses de la même façon), vous avez peur du changement, de l'inconnu, de la nouveauté. Au fond (inconsciemment), vous préférez piétiner dans votre vie (avec des problèmes que vous connaissez bien) plutôt que vous retrouver confronté à d'autres problèmes. Vous n'avancez pas ou peu parce que vous dramatisez les risques.

Comment (re)prendre votre vie en main ?

En apprenant à oser. Faites une liste des dix choses que vous aimeriez faire si vous en aviez le courage. Commencez par le plus facile. Au début, vous devrez vous faire un peu violence, mais le succès aidant, vous aurez moins peur et vous pourrez réaliser des choses de plus en plus difficiles.

Majorité de *c*
Vous manquez de suite dans les idées
Beaucoup d'intentions. Mais vous agissez sur un coup de tête (de cœur, de foudre...) et, très vite, si vos premières tentatives ne sont pas couronnées de succès, vous vous lassez et vous abandonnez. Et même quand elles le sont, vous zappez. Résultat : vous restez souvent au niveau de l'intention, vous ne prenez pas de décision. Ou vous prenez mille décisions différentes, mais vous n'allez jamais jusqu'au bout.

Comment (re)prendre votre vie en main ?
En arrêtant de vous disperser. Vous courez toujours plusieurs lièvres à la fois (voir chapitre 15 : « Doper une volonté faible ») et vous sacrifiez souvent vos projets à vos plaisirs immédiats. Alors, limitez-vous. Prenez une décision et une seule et allez jusqu'au bout. Tant pis si vous vous trompez. Même en cas d'échec, à terme vous êtes tout de même gagnant : vous avez avancé.

Majorité de *d*
Vous êtes trop gentil
Vous dites toujours oui à tout (même quand ce n'est pas votre intérêt, vos priorités, ou quand vous n'en avez pas spécialement envie). Et vous vous montrez systématiquement « d'accord » avec les gens, même quand vous pensez qu'ils se trompent ou qu'ils ont tort. Détestant les conflits (particulièrement dans votre couple et avec vos amis), vous êtes beaucoup trop indulgent et, la nature humaine étant ce qu'elle est, les autres ont souvent tendance à abuser de votre gentillesse.

Comment (re)prendre votre vie en main ?
Soyez plus égoïste. Vous pouvez aimer les autres et avoir néanmoins des intérêts ou des priorités différents. Alors, arrêtez d'abdiquer toute personnalité. N'oubliez jamais que le plus beau cadeau que vous pouvez faire à ceux que vous aimez, c'est d'être heureux. Même si parfois, sur le moment, ils râlent parce que cela leur crée des problèmes.

Majorité de *e*
Vous vous occupez un peu trop des autres
Pour faire le bonheur des autres, vous êtes dévoué (jusqu'à l'abnégation), désintéressé (jusqu'au sacrifice), toujours prêt à rendre service (sans qu'on vous demande rien). Bref, vous êtes toujours en train de vous occuper de tout le monde. Revers de la médaille : vous oubliez vos propres besoins, vous mettez souvent une croix sur vos aspirations profondes.

Comment (re)prendre votre vie en main ?
En vous recentrant sur les êtres qui comptent vraiment pour vous (à commencer par vous). Ne soyez pas toujours disponible et volontaire pour tout. Apprenez à faire des choix et respectez vos propres priorités (par exemple, vous avez besoin d'être en forme pour bien vous occuper de vous, de votre conjoint, de vos enfants).

Chapitre 12

Débloquer ses freins internes

Faire face à la énième restructuration, remettre en question ses acquis, changer de service, d'entreprise, de filière, de métier, voire se « délocaliser » en France ou à l'étranger, nous y sommes tous confrontés à un moment donné ou un autre. Depuis plus d'un demi-siècle, la majorité des spécialistes du management considère que la résistance au changement est l'une des causes, sinon la principale, des échecs des hommes comme des entreprises. Peur de l'inconnu, de perdre ce que l'on a, remise en cause des compétences, préférence pour la stabilité, esprit de clocher... Au fond, les bonnes raisons ne manquent pas pour résister au changement. Mais on ne réussit pas sans surmonter la résistance au changement, à commencer par la sienne.

Mesurer sa résistance au changement

Êtes-vous capable de surfer sur le changement, ou même d'en prendre l'initiative ? Voici une série d'affirmations différentes, cochez chaque fois celle qui vous semble le mieux correspondre à votre personnalité.

- ❑ Je pense que mes succès professionnels ne doivent presque rien à la chance.
- ❑ J'ai toujours du mal à me séparer d'un collaborateur, même quand je pense que ce serait mieux pour tout le monde.
- ❑ J'ai souvent du mal à tenir les délais.
- ❑ Mes journées sont plutôt bien planifiées et très remplies.
- ❑ J'ai tendance à ruminer les mauvaises nouvelles.
- ❑ J'ai souvent tendance à prendre les critiques pour des reproches personnels.
- ❑ Je pense que mon patron me sous-estime.
- ❑ Je ne suis pas très à l'aise quand je dois passer un entretien.
- ❑ On m'a souvent reproché d'être trop perfectionniste.
- ❑ Je traîne (délibérément) ou je bâcle quand je n'ai pas envie de faire quelque chose.
- ❑ Je trouve souvent que mon patron ou mes collègues m'en demandent trop.
- ❑ Je m'attends souvent à ce que les choses tournent mal.
- ❑ J'ai tendance à tout prendre très à cœur, même des petites choses sans importance.
- ❑ Je suis persuadé que je travaille beaucoup mieux que les autres ne le croient.
- ❑ Il m'arrive souvent de dire que j'ai « oublié » parce que je n'ai pas fait quelque chose.
- ❑ Quand on me confie une nouvelle tâche, je me demande souvent si je vais réussir.
- ❑ En cas d'erreur ou de faute, je jette assez facilement la pierre aux autres.
- ❑ Je suis plutôt rigide sur les questions de principes ou d'éthique (je peux me montrer très moralisateur, donneur de leçon).

- ❑ Je regarde souvent les autres comme des rivaux.
- ❑ Je suis avare de mon temps quand cela ne doit rien me rapporter personnellement.
- ❑ J'ai tendance à ergoter quand on me demande de faire des choses que je ne veux pas faire.
- ❑ Je critique (en silence) tous les chefs, simplement parce qu'ils sont des chefs.
- ❑ J'ai du mal à jeter tout ce qui ne sert plus à rien.
- ❑ J'ai souvent peur de me tromper.
- ❑ On m'a souvent reproché (mes amis, mes collègues de bureau...) de manquer d'humour.
- ❑ Je me vexe facilement quand on me fait des suggestions pour que je sois plus efficace.
- ❑ Quand j'organise mes vacances, j'aime autant tout prévoir, pour ne pas avoir de surprise.
- ❑ Je déteste qu'on vienne me déranger quand je suis occupé.
- ❑ Je trouve que le statu quo est souvent préférable, moins risqué.
- ❑ Quand j'ai une décision à prendre (même une petite), je repousse souvent à plus tard.
- ❑ Je suis très fidèle dans mes amitiés.
- ❑ J'aime bien faire des plans, des listes, des programmes (emploi du temps, activités, loisirs).
- ❑ J'ai souvent tendance à remettre les choses au lendemain.
- ❑ J'ai du mal à changer d'avis quand je suis convaincu de quelque chose.
- ❑ Je dois faire un effort pour passer à l'acte, même après avoir pris une décision.
- ❑ J'ai tendance à me décourager facilement en cas d'opposition.
- ❑ J'ai souvent du mal à déléguer parce que j'ai la conviction que les autres ne feront pas les choses correctement.
- ❑ Je n'aime pas trop les surprises, même les bonnes.

- ☐ Quand je me trompe sur quelqu'un ou quelque chose, je m'en veux longtemps.
- ☐ Pour être efficace dans mon travail, j'ai besoin d'avoir une feuille de route précise.

Comment analyser vos résultats ?

Comptez le nombre de cases cochées et reportez-vous au profil correspondant.

Moins de 16 cases
Votre degré de résistance : faible
Est-ce un peu d'instabilité : vous êtes peu constant dans vos affections (vite séduit, vite consolé) comme dans vos activités (vous avez tendance à vous lasser rapidement) ? Ou une tendance à vous projeter en permanence : vous avez du mal à prendre des habitudes, suivre une routine, vous avez sans cesse besoin de stimulations extérieures, de nouveauté, pour lutter contre l'ennui, vous motiver ? En tout cas, vous savez vous remettre en question (l'inconnu, le changement ne vous font pas spécialement peur), vous avez suffisamment confiance en vous pour savoir que vous pouvez vous adapter et rebondir quoi qu'il se passe. D'ailleurs, vous avez généralement du mal à vous contenter du statu quo, vous cherchez toujours à faire bouger les lignes, à améliorer les choses chaque fois que c'est possible.

De 16 à 29
Votre degré de résistance : assez élevé
Bien sûr, vous n'êtes pas un frileux. Confiant (en vous-même et en l'avenir), les changements, les défis ont plutôt tendance à vous stimuler. Mais seulement quand vous pouvez rester maître de la situation et imaginer les retombées en termes de

bénéfices personnels (argent, reconnaissance, avantages...). En revanche, quand vous manquez d'information (vous restez dans l'incertitude sur les actions futures) ou quand trop de choses changent simultanément, trop de routines sont interrompues, vous voyez plus les complications que cela peut entraîner, les efforts à fournir, les incertitudes, les risques, que les éventuels avantages, et vous avez tendance à être bloqué.

Comment avancer ? En luttant contre l'inertie (votre principale forme de résistance au changement). Prenez des initiatives positives au lieu de freiner, sous prétexte de prudence ou de nécessité d'informations objectives.

Plus de 30
Votre degré de résistance : très élevé
Est-ce de « l'esprit de clocher » : vous êtes plus concentré sur votre propre intérêt, vos acquis, que sur l'intérêt de tous ? Un manque de confiance en vous : vous avez peur de ne pas être capable de développer les compétences et les comportements nouveaux attendus ? Ou une forte anxiété, en général, face aux changements (vous préférez vos habitudes), à l'inconnu (vous fonctionnez mieux en milieu fermé) ou à la nouveauté (vous avez besoin de stabilité dans votre environnement, votre travail, etc.) ? En tout cas, vous freinez des quatre fers (et vous avancez à reculons) dès qu'on vous demande de « revoir votre copie » (d'ajuster votre réalité à la réalité du changement proposé) et d'évoluer.

Comment être plus souple ? En pensant systématiquement les changements en termes d'opportunités (pour améliorer votre situation, votre futur), même si cela impose des contraintes.

Chapitre 13

Se débarrasser de ses complexes

Ils ne nous empêchent pas d'aimer et de travailler, de faire des bébés, des familles, des carrières. Mais, souvent, on se dit que sans eux la vie serait deux fois plus belle. En tout cas, plus facile. À cause d'eux, on imagine mille occasions ratées. Si je n'avais pas été affligée de cet immense nez, peut-être que Benoît m'aurait épousée ? Si j'avais pu m'arracher un seul mot, au lieu d'afficher un sourire idiot, quand on m'a présenté au grand patron, peut-être... ? Évidemment, on se trompe. Qui se souviendrait de Cléopâtre sans son nez ou de Berthe (la mère de Charlemagne) sans son grand pied ? Quand nous pensons à nos complexes, nous pensons à la honte (mille fois bue), à toutes nos petites lâchetés. Nous oublions que les sentiments de honte ou d'infériorité sont aussi de puissants stimulants. On sait, par exemple, que les petites (tailles) réussissent mieux que les grandes : il y a deux fois plus de personnes mesurant 1,60 m chez les stars du show-biz et les PDG que dans la population générale. Pourtant, nos complexes continuent à nous miner le moral, à nous pourrir l'existence.

Trop grand, trop gros, trop...

« Un jour, sur la plage, quand j'avais 11 ans, raconte Inès, un photographe m'a mitraillée. J'étais sûre que j'allais me retrouver dans les journaux sur le thème : Regardez cette petite fille grassouillette, ne faites pas comme elle, ne mangez pas toute la journée. »

Aujourd'hui, Inès continue, à 36 ans, à se voir grosse malgré tous les hommes de sa vie (pas tellement nombreux) qui l'ont assurée du contraire, malgré sa balance qui affiche un poids normal. Nos complexes physiques sont d'abord des illusions d'optique. Beaucoup d'enfants, par exemple, focalisent sur leur nez : trop grand, trop gros. Forcément. Le nez est central, saillant, au milieu du visage. Il accroche le regard dans une glace. Il en va de même pour les fixations sur une oreille plus grande, un sein plus gros, que l'autre. Le corps est dissymétrique : parties gauches plus volumineuses chez les droitiers, et parties droites pour les gauchers. Ce déséquilibre attire l'œil qui en fait parfois toute une montagne. Illusion d'optique aussi (mais pas dans le sens de l'exagération), le complexe de la plupart des hommes qui voient leur pénis plus petit qu'il ne l'est en réalité. D'abord, parce qu'ils le voient encore tel qu'il était quand ils en ont pris conscience. Ensuite, parce qu'ils le voient de haut. Vu de face ou de côté, le pénis des autres hommes leur paraît toujours plus grand. Souvent, un complexe devient une obsession parce qu'il est renforcé par le regard des autres. « Ma mère m'a complètement démolie, raconte Céline (22 ans). Chez nous, c'est héréditaire, on a tendance à avoir les jambes qui enflent depuis des générations. Elle me répétait tout le temps : tu n'as pas de chance, c'est dommage, en plus il n'y a rien à faire. Aujourd'hui, je porte toujours été comme hiver des gros godillots pour cacher mes chevilles et je n'ose pas me mettre en robe. Si je dois montrer mes jambes, je préviens à l'avance : mes jambes, elles sont moches ! »

Comment un complexe se forme-t-il ?

La plupart de nos complexes, notamment les complexes d'infériorité, « poussent » pendant la période sensible des 6-7 ans, au moment où on se perçoit petit et où on prend conscience de sa faiblesse ou de ses différences.

Autres périodes sensibles : la puberté et l'adolescence quand l'image de soi se constitue définitivement.

À ces moments-là, les réactions de l'entourage, le rôle des parents sont capitaux. D'abord, il faut éviter de créer un complexe là où il n'y en a pas. Éviter les réflexions dévalorisantes (« Tu es vraiment trop idiote, complètement incapable ») ou faussement stimulantes (« Tu es le meilleur, le plus intelligent »). Quand on n'attend pas grand-chose d'un enfant ou qu'au contraire on exige trop de lui, on finit par semer le doute, par saper sa confiance en lui. Éviter aussi les remarques « bien intentionnées ». « Ma mère a aussi failli me "casser" le nez, se souvient Céline. Elle me disait : "Quand tu auras 16 ans, je te donnerai de l'argent pour te faire refaire le nez." À cause d'elle, j'ai aussi cru pendant longtemps que j'avais un nez affreux. Sinon, je n'y aurais même pas fait attention. » Dans tous les cas, l'attitude positive consiste à dédramatiser (« Ce n'est pas grave », « Ça ne t'empêchera pas de... ») et à détourner l'attention de l'enfant (ou de l'adolescent) de son obsession. Cela suppose de pouvoir en parler, de franchir le mur de la honte et du secret. La solution, c'est de révéler nos propres complexes à nos enfants, pour donner l'exemple. Et ne jamais oublier ce que disait ce bon docteur Freud : « Un enfant se sent inférieur s'il remarque qu'il n'est pas aimé, et il en est de même pour l'adulte. »

Le détail qui tue

Le problème est que nos complexes s'appuient souvent sur le constat d'une différence personnelle vécue comme dévalorisante, infériorisante. Parfois, il s'agit d'un défaut esthétique : strabisme, taches de rousseur, fesses trop fortes, oreilles décollées, etc. Parfois aussi, d'une différence culturelle dans les manières de vivre, de penser ou de s'habiller. Des difficultés scolaires, l'appartenance à une minorité socioculturelle, à un milieu défavorisé déclenchent fréquemment des sentiments d'infériorité. Dans certains cas, l'affreux détail, le point faible deviennent des obsessions. L'infériorité, réelle ou supposée, se généralise à toute la personnalité. On est convaincu qu'on n'a aucune chance d'être aimé, apprécié, estimé, respecté. « J'étais tellement complexée par mon menton un peu “en galoche” quand j'étais petite, raconte Agnès, que je l'aspergeais d'eau bénite chaque fois que j'allais à l'église en espérant qu'en sortant, j'entendrais quelqu'un dire : Quel joli menton elle a cette petite fille ! Mais, même à Lourdes, ça n'a rien donné. »

La peur du social

La peur du ridicule, des moqueries se niche dans le petit détail « qui tue », mais souvent aussi, une situation ou un événement réactivent nos complexes. « J'étais tellement complexée, se souvient Bénédicte, que pour ma première sortie en robe longue, j'ai passé toute la soirée, de 22 heures à 2 heures du matin, dans le vestiaire avec une compresse sur la tête en prétextant une migraine. »

Isabelle, en revanche, a pris conscience de ses complexes en changeant d'univers. « J'ai vécu toute mon enfance et mon adolescence dans un milieu de danseurs où on s'exprime beaucoup par le corps. Et puis, j'ai rencontré Renaud, plutôt le genre intello. On sortait souvent avec ses amis. Pendant des mois, je n'ai pas dit un mot. J'ai passé des soirées, des week-ends entiers, une écharpe autour du coup à faire croire que j'étais malade, plus ou moins aphone. Je ne voulais pas engager la conversation parce que de fil en aiguille on en viendrait à parler de choses plus sérieuses et j'avais peur de passer pour une idiote, une inculte. »

Quand je me compare, je me sens inférieur

Sous-estimation de soi, manque de confiance, les sentiments d'infériorité sont toujours ressentis dans une comparaison dévalorisante avec les autres. On commence à douter de son intelligence, de sa séduction, de ses compétences. On finit par douter de ses chances de réussite – on grossit les problèmes, les difficultés – et même de ses succès, qu'on attribue au hasard ou à l'indulgence des autres. D'où la difficulté des confrontations, la peur de participer à un groupe, de parler en public, de s'adresser à des inconnus. Et l'envie de se faire tout petit, de rester dans son coin. Nous avons tous connu un jour ou l'autre les malaises de la timidité, la gorge qui se noue, les lèvres qui tremblent, la gêne, la confusion, la gaucherie... même si nous n'avons jamais eu peur de nous étrangler en mangeant devant quelqu'un, de ne pas arriver à uriner dans des toilettes publiques, ou d'être paralysés par le trac. D'ailleurs, 51 % des Français avouent être timides, 7 % très timides (Ifop). Une étude réalisée sur trois échantillons de 10 000 personnes évalue le nombre de timides à 60 % au Japon, 50 % aux États-Unis et 30 % en Israël. C'est plutôt rassurant de savoir qu'on n'est pas seul avec ses complexes.

Quand je me juge, je me déclare coupable

Complexés, nous vivons dans la peur du ridicule mais aussi parfois de la sanction. En plus des sentiments d'infériorité, nos complexes s'accompagnent souvent de sentiments de culpabilité plus ou moins conscients. Crainte de mal faire, doute après coup d'avoir bien fait, autoreproches : nous vivons dans la peur du faux pas. Parfois, comme dans le complexe d'imposture (voir chapitre suivant), nous avons l'impression de tromper notre monde, de profiter d'un crédit de confiance injustifié. Nous avons peur que les autres découvrent nos insuffisances et nos fautes. « Quand on m'a dit que j'avais le job (responsable du marketing dans une boîte de cosmétique), raconte Valérie, j'ai d'abord cru à une erreur de personne. Pourtant, j'avais les compétences, j'avais postulé, mais je n'y croyais pas, je ne croyais pas vraiment en moi. Aujourd'hui encore (deux ans plus tard), je ne peux pas m'empêcher de penser qu'on va fatalement s'apercevoir que je ne suis pas à la hauteur. » Résultat, Valérie travaille d'arrache-pied dans l'angoisse d'une catastrophe imminente. Elle se surcharge de travail, arrive avant les autres, part beaucoup plus tard, sacrifie ses week-ends, prend ses vacances à doses homéopathiques… L'engrenage !

Que faire de ses complexes ?

Pour vivre avec ses complexes, il n'existe pas trente-six solutions.

Soit on les cache. Ou plutôt, on croit les cacher parce qu'en fait on attire au contraire l'attention sur eux. Il peut quand même paraître étrange de ne faire l'amour que dans le noir, de ne jamais se mettre en robe, de bronzer à moitié habillée sur les plages, de porter des écharpes par plus 30 degrés, des lunettes de soleil la nuit, ou de parler en gardant tout le temps une main devant la bouche.

Soit on les compense. On a honte de ses fesses, alors on exhibe ses seins pour détourner les regards. Les visages ingrats deviennent des intellos de choc. Les défavorisées du neurone se transforment en sportives de haut niveau ou développent des dons artistiques.

On surcompense aussi ses complexes. On porte des tenues d'autant plus moulantes qu'on a honte de ses fesses. On s'écoute d'autant plus parler qu'on n'a rien à dire. On affecte plus de confiance (jusqu'à l'arrogance) qu'on en a vraiment. À cause de ses complexes, on en fait toujours trop ou pas assez. On ne se sent jamais tout à fait en phase, tout à fait à l'aise. En plus (et tant mieux), le handicap n'est souvent pas très important. Il ne nécessite pas une chirurgie esthétique ou une psychothérapie. Alors, comment mieux vivre avec ses complexes, les petits et les grands ? Comment ne plus voir ses défauts grossis à la loupe, faire avec sans les cacher (on ne peut pas toujours) ?

Se décomplexer, ce qui ne marche pas

Dans la catégorie des efforts inutiles : les conseils d'amis. Cela ne sert à rien d'essayer. Cela ne marche pas, sinon vous le sauriez déjà. On vous a dit cent fois que vous avez des cuisses appétissantes, mais pour vous elles sont juste grosses. C'est ainsi. Vous ne pouvez pas les voir autrement. Quand nous sommes obsédés par tel ou tel défaut, souvent les autres, qui en disent du bien, renforcent au contraire nos préjugés. Ils le disent parce qu'ils nous aiment (et Dieu sait que l'amour est aveugle) ou parce qu'ils sont indulgents, polis, ils ne veulent pas nous faire de la peine. Donc, inutile de faire appel à l'évidence, au bon sens ou à la vérité.

Pas plus qu'à la volonté. « Réagis », « Surmonte », « Assure », disent nos amis bien intentionnés. Comme si nos complexes physiques ou psychologiques pouvaient céder à l'injonction. « C'est plus fort que moi », avons-nous envie de leur répondre, sinon nous ne serions pas complexés.

Inutile aussi, l'appel au naturel : « Accepte-toi comme tu es, tu es très bien comme ça ! » Ou à la spontanéité : « Sois pas coincé, laisse-toi aller ! » Comme si nos inhibitions se laissaient faire. Cela revient à conseiller à quelqu'un qui souffre : « Arrête d'avoir mal ! »

Inutile encore, le recours à la raison : « C'est ton imagination qui te joue des tours, tu vois bien qu'on t'aime, que tu as du succès ! » Cela, nous le savons déjà. Nous ne sommes pas idiots à ce point-là. Nous n'avons pas l'indécence de prendre nos complexes pour des infirmités. Et puis, il ne faut pas exagérer. On ne se prend pas pour des monstres parce qu'on a honte de ses seins, de ses fesses ou de son QI. Alors !

Ce qui marche

La méthode Coué parfois. À condition de se répéter inlassablement, pour se reconditionner, une contre-proposition positive, par exemple : « J'ai un très beau menton » ou « Je suis très intelligente ». Mais c'est fastidieux et forcément trop long. On n'efface pas du jour au lendemain une perception souvent ancrée depuis la petite enfance. Non, le mieux est de socialiser ses complexes, d'oser en parler (et d'écouter les autres parler des leurs). Non pour être rassuré, approuvé ou conseillé. On a vu que cela ne marchait pas. Mais, dans un complexe, même tout petit, même très localisé, il y a toujours une forte charge dramatique, affective et émotionnelle. Le simple fait d'en parler (pas seulement avec ses amis proches, mais vous pouvez commencer par eux) libère automatiquement une partie de cette charge, des tensions accumulées par le complexe. Petit à petit, cette décharge émotionnelle redonne aux choses de plus justes proportions. Le détail « qui tue » redevient un simple détail. Un complexe, c'est toujours une perception fausse. C'est cela qu'il faut arriver à changer. La plupart de nos complexes deviennent supportables dès que nous en parlons librement.

Deux méthodes pour les cas difficiles

Avec un complexe plus résistant, deux techniques méritent d'être employées : la visualisation et l'entraînement assertif.

Remodeler son image corporelle

La visualisation obtient d'excellents résultats en cas de complexe physique puisqu'il s'agit de passer d'une image corporelle négative à une image positive. Avec un peu d'entraînement, quelques minutes par jour avant de s'endormir, on y arrive très facilement. Vous devez d'abord apprendre à focaliser votre attention. Allongé sur le dos dans le noir, les yeux fermés, commencez par visualiser un point situé à 2 centimètres au-dessus et au milieu de la ligne qui relie vos sourcils. Au début, vous pouvez avoir un peu de mal à vous concentrer sur ce point. Mais, ensuite, vous arriverez à le « voir » sous la forme d'un cercle grand comme une pièce de 1 euro. D'abord, entraînez-vous à visualiser dans ce cercle les sept couleurs du spectre, en respectant l'ordre : violet, indigo, bleu, vert, jaune, orange et rouge. Puis, recommencez dans l'ordre inverse. Au bout de quelques jours, vous pouvez passer aux exercices de visualisation proprement dits. Pour vous « assouplir », commencez par reconstituer mentalement l'image de votre corps. Vous devez arriver à le voir en entier aussi nettement que si vous vous regardiez dans une glace. L'étape suivante consiste à concentrer son attention sur la partie complexée, à faire le point pour en obtenir une image bien nette. Après, il existe une astuce. Vous ne devez pas tenter de changer tout de suite cette image dans un sens positif. Au contraire, vous devez d'abord accentuer (mentalement) le défaut, le grossir jusqu'à la caricature. C'est en allant d'abord dans le sens (déformant) du complexe que vous avez une chance de revenir à une perception juste. Ensuite, seulement, vous pouvez former une image positive du défaut corporel en question.

Reconstruire une image de soi positive

L'entraînement assertif est, de son côté, une technique simple utilisée dans les thérapies comportementales. Il est très efficace pour tous les complexes psychologiques, notamment les complexes d'infériorité, les inhibitions, la timidité et même les phobies. La méthode consiste à faire une liste la plus complète possible de toutes les situations où l'on se sent complexé. Par exemple : accepter un rendez-vous d'un homme qui me plaît, répondre à des critiques de mon patron, prendre la parole dans une réunion, aller dans une soirée très habillée, répondre aux moqueries de mes amis, etc. Après réflexion, vous devez classer cette liste du moins pénible au plus pénible. Ensuite, vous allez prendre en main chaque situation, en commençant par la moins pénible, et l'affronter systématiquement (en la provocant si nécessaire) jusqu'à ce que vous puissiez le faire d'une manière détendue. Le principe, c'est de consacrer à chaque situation le temps nécessaire (parfois plusieurs semaines), de ne passer à la suivante que lorsqu'on se sent parfaitement à l'aise dans la précédente.

Chapitre 14

Adopter une attitude de « gagneur »

« Quand on m'a recrutée pour ce poste, raconte Laurence S., responsable de la communication d'une grande chaîne de télévision, j'ai d'abord cru à une erreur. Mes interlocuteurs me disaient qu'ils comptaient beaucoup sur mon intelligence, mon expérience, mais j'avais l'impression que tous ces compliments, tous les espoirs que l'on plaçait en moi s'adressaient à quelqu'un d'autre. D'ailleurs, au début je n'y croyais pas. On m'a parachutée dans le service en me laissant me débrouiller toute seule. Je me sentais un peu là en touriste, à moitié concernée. J'ai mis longtemps à comprendre que j'avais carte blanche. Aujourd'hui encore, je ne réalise pas. Je ne peux pas m'empêcher de penser qu'ils vont s'apercevoir, c'est fatal, qu'ils se sont trompés sur moi, que je ne suis pas faite pour ce job. »

En fait, Laurence ne le sait pas, mais elle souffre de ce que l'on appelle un complexe d'imposture.

Quel est ce complexe ?

Principaux symptômes définissent un complexe d'imposture : l'impression de tromper son monde, de profiter d'un crédit de confiance injustifié, la peur que les autres découvrent nos manques, nos faiblesses. Il touche en priorité ceux qui réussissent leur vie socioprofessionnelle. Cela exclut les incompétents, les médiocres et naturellement les vrais imposteurs, ceux qui trompent sur la marchandise, font croire à des talents, des compétences qu'ils n'ont pas.

Au contraire, ce qui frappe d'abord dans les confidences des personnes qui souffrent du complexe d'imposture, c'est la certitude intime que les autres se trompent sur elles. Elles sont persuadées que leur situation est due à une méprise, qu'elles ne la méritent pas. Malgré des études assez brillantes, des diplômes plus qu'honorables, un bon emploi, elle doutent de la réalité de leur succès. À les écouter, leur réussite n'est jamais due, ou si peu, à leur intelligence, à leurs compétences, mais plutôt à un concours de circonstances, à des relations personnelles ou encore à un travail acharné. Du coup, elles craignent sans cesse de décevoir, d'être incapables de renouveler leurs performances.

D'où vient-il ?

À l'origine, le complexe d'imposture est généralement provoqué par des sentiments d'infériorité. Les personnes qui en souffrent ont souvent un handicap, réel ou imaginaire, à surmonter. Parfois un défaut physique ou esthétique (oreilles décollées, nez en trompette, port de lunettes, d'appareil dentaire, problème de poids...). Parfois aussi une infériorité sociale (provenance d'un milieu économiquement défavorisé, appartenance à une minorité socioculturelle...). Aujourd'hui dans leur vie d'adulte, elles continuent d'éprouver des sentiments chroniques d'insuffisance, d'impuissance, d'insécurité, d'exclusion.

Et « si on m'avait surestimé », se disent-elles sans cesse, angoissées à l'idée que quelqu'un découvre leur faille.

Comment fonctionne-il ?

En soi le complexe d'imposture fonctionne sur un mécanisme simple : succès - sentiment de mérite illégitime - désir de se montrer à la hauteur de la confiance accordée - crainte de ne pouvoir réitérer - surcompensation dans l'effort, l'implication - nouveau succès - etc. Le complexe s'autoalimente sans cesse et entraîne les personnes touchées dans un engrenage de plus en plus épuisant moralement, nerveusement, physiquement. Au bout : le surmenage, le stress, la déprime. Le problème est qu'avec le temps les sentiments complexuels s'aggravent. La perception des situations, des relations, les comportements sont de plus en plus systématiquement déformés. Les personnes en arrivent à contester leurs propres succès. Elles entreprennent, elles agissent, sans confiance en elles avec, au bout, la certitude de l'échec.

Qu'est-ce qui le déclenche ?

Caroline n'a pas cru non plus à son talent lorsqu'elle a reçu de son éditeur une lettre lui disant que son premier manuscrit était accepté. « J'ai tout de suite pensé qu'Éric (le directeur général qui manifestement avait un faible pour elle) avait joué de tout son poids auprès du comité de lecture pour l'imposer. »

Aujourd'hui, malgré un premier succès de librairie, à cause même de ce succès, Caroline panique à l'idée de sortir son second roman. « Mon éditeur le trouve très bien, il est sur mon dos trois fois par semaine pour que je le termine mais je n'y arrive pas. Je suis sûre que je vais me planter. On va se rendre compte que je ne suis pas un vrai écrivain. »

On en a connu d'autres paralysés par leur succès d'auteur. Tel a fait une longue dépression après avoir obtenu le Goncourt, tel autre est devenu incapable d'écrire une ligne après des critiques très (trop sans doute pour lui) élogieuses.

Handicapant, le complexe d'imposture est souvent déclenché par un succès, un avancement, trop rapide, trop facile. Mais pas toujours.

Comment se nourrit-il ?

Virginie a fait une carrière classique dans la banque. Elle a gravi tous les échelons sans états d'âme jusqu'au jour où on lui a proposé de prendre la direction d'une succursale à Londres. « J'ai craqué. Je savais que c'était une opportunité formidable pour moi mais j'ai dit non. J'ai eu l'impression que j'avais touché mes limites. Au siège, dans mon cadre, la routine habituelle, je peux faire illusion ; là-bas, livrée à moi-même, on aurait vite découvert que je ne suis pas à la hauteur. »

Geneviève qui pantoufle dans l'administration s'autoflagelle aussi : « Quand mon patron m'a laissée entrevoir une nouvelle promotion, je crois que j'ai tout fait pour l'en dissuader. Je lui ai dit qu'il se trompait sur moi, qu'il y en avait d'autres bien plus capables. »

L'autodévaluation est un autre trait typique du complexe d'imposture. Car à la différence des vrais imposteurs, les complexés de l'imposture ont une conscience morale et une exigence professionnelle élevées. Ils se jugent d'une manière très dure même quand ils obtiennent des résultats remarquables. Et chaque fois ils pensent qu'ils auraient pu faire mieux ou plus. D'une certaine manière ils ont besoin de s'affirmer comme étant les meilleurs.

Qui est vulnérable ?

En creusant un peu, on s'aperçoit que le complexe d'imposture touche souvent des gens qui ont été des champions durant leur scolarité. Pendant longtemps ils ont gagné haut la main, ils n'ont pas connu de réelle rivalité.

Et puis brutalement, en changeant d'établissement ou en entrant dans la vie professionnelle, ils ont découvert la concurrence.

« J'étais toujours première dans mon lycée à Bordeaux, raconte Élisabeth. Je me flattais de réussir, de triompher presque sans effort. J'ai vite déchanté quand je suis venue faire khâgne à Paris. Du jour au lendemain, je me suis trouvée larguée 19e. J'ai dû m'accrocher pour revenir dans les dix premiers. À ce moment-là, j'ai terriblement douté de moi. J'ai pensé tout laisser tomber. »

Aujourd'hui Élisabeth, comme Laurence ou Virginie, Caroline ou Geneviève, ne peut s'empêcher de se comparer aux gens qu'elle croise dans son travail ou sa vie sociale. La plupart du temps à son désavantage. L'imposteur imagine toujours que les autres sont plus doués, plus intelligents, plus brillants qu'il ne l'a jamais été ou ne le sera jamais. Et il craint la confrontation avec meilleur que lui.

À quoi ressemble un complexé de l'imposture ?

Sensibles à la moindre remarque (interprétée comme un reproche), les personnes convaincues de leur imposture ont tendance à dramatiser les situations. Elles exagèrent leurs problèmes, leurs difficultés, elles réagissent d'une manière excessive en cas de désaccord et s'efforcent d'éviter à tout prix les conflits. Au fond, elles se sentent coupables. Elles vivent dans la peur de la faute possible. Leur perception des réalités est faussée mais également leur capacité d'action. Elles hésitent avant d'agir, ruminent les conséquences possibles, les erreurs qu'elles pourraient commettre. Plutôt perfectionnistes, elle en font trop ; elles sont dans la surenchère. D'une certaine façon, elles sur-occupent leur poste, leur terrain, de façon physique, à défaut de l'occuper vraiment dans leur tête. Elles arrivent avant les autres ; elles partent bien plus tard. Elles prennent leurs vacances au compte-gouttes pour ne pas lâcher leur fauteuil trop longtemps ou trop souvent. Elles se surchargent de travail pour désamorcer d'éventuelles critiques. Devant tant de bonne volonté, l'entourage est partagé. Quelqu'un qui en fait trop agace. Mais à le voir crouler sous la tâche, on a plutôt tendance à lui éviter tout ce qui pourrait l'ennuyer, à mettre un bémol aux reproches. Il s'accable suffisamment lui-même. Et on ne tire pas sur les ambulances.

Comment cela peut-il déborder dans la vie privée ?

Souvent le sentiment d'imposture déborde le cadre professionnel et envahit la vie privée. L'imposteur s'imagine que ses relations personnelles, affectives, amoureuses, manquent d'authenticité. Il croit qu'il se fait aussi passer pour ce qu'il n'est pas auprès de ses amis, de sa famille ou de son conjoint. Avec eux il se sent pris d'un désir de vérité. Cette vérité dont il ne peut justement pas parler dans son univers professionnel.

« J'ai failli faire exploser notre couple », avoue Emmanuelle. « Il y a cinq ans quand j'ai rencontré Hervé, je sortais à peine d'une histoire malheureuse. Au début, Hervé, c'était surtout pour me venger, pour faire de la peine à l'autre. Je ne pensais pas que cela durerait. Mais Hervé voulait qu'on vive ensemble et je me suis laissée faire. Nous nous entendons bien et j'ai eu très vite de la tendresse pour lui. Puis un jour, il est venu tout sourire me chercher à la gare. Et sur le quai, brutalement, je me suis souvenue de Pierre dans la même situation. Devant Hervé, j'ai cru m'effondrer. J'ai eu l'impression terrifiante que tout mon visage était devenu un masque et qu'il allait se craqueler, se briser, sous son regard. À ce moment-là, j'ai pris la décision de tout lui dire. »

Ce soir-là, Emmanuelle et Hervé se sont beaucoup parlé. Une petite phrase prononcée par Hervé a fini par faire son chemin dans sa tête à elle. « Je ne t'ai pas choisie par hasard. » Aujourd'hui, ils sont mariés.

Sommes-nous tous des imposteurs ?

Les femmes avouent plus volontiers leurs sentiments d'imposture. Peut-être parce qu'elles ont cédé plus récemment à l'idéologie de la réussite socioprofessionnelle. Elles sont culturellement moins préparées à la compétition. Mais la nature humaine est ainsi faite qu'on ne paraît jamais qui on est vraiment. Sans le vouloir, nous sommes tous un peu, beaucoup, terriblement imposteurs. À quel degré ? Voici une liste d'affirmations pour l'évaluer. Entourez d'un cercle le chiffre qui vous correspond le mieux.

(jamais) (rarement) (parfois) (souvent) (toujours)

1. On me croit plus compétent que je ne le suis en réalité.
1 2 3 4 5
2. Mon travail actuel me stresse.
1 2 3 4 5
3. Je supporte très mal les remarques dévalorisantes de mon patron ou de mon entourage.
1 2 3 4 5
4. Cela me gêne d'assister à une réunion où il y a du monde.
1 2 3 4 5
5. Je vis mal les désaccords, les conflits professionnels.
1 2 3 4 5
6. Mes succès doivent beaucoup à la chance.
1 2 3 4 5
7. Les compliments, les félicitations, les éloges m'intimident.
1 2 3 4 5
8. Je me souviens davantage de mes difficultés, de mes échecs que de mes succès.
1 2 3 4 5
9. L'obligation de parler à un groupe m'angoisse.
1 2 3 4 5
10. Chercher un emploi est un calvaire.
1 2 3 4 5
11. Je réussis généralement ce que j'entreprends.
1 2 3 4 5
12. Les mises en boîte de mon patron ou de mes camarades de travail me mettent mal à l'aise.
1 2 3 4 5
13. Je crains de ne pas être à la hauteur de ce que l'on attend de moi à l'avenir.
1 2 3 4 5
14. Avant d'agir, je pense à toutes les conséquences possibles.
1 2 3 4 5

(jamais)	(rarement)	(parfois)	(souvent)	(toujours)

15. Je doute ensuite d'avoir bien fait.

1	2	3	4	5

16. J'ai le sentiment que je dois ma carrière, ma situation actuelle à mes relations.

1	2	3	4	5

17. Je préfère rester au-dessous de mes capacités.

1	2	3	4	5

18. J'aimerais tellement être le meilleur.

1	2	3	4	5

19. Je redoute que mon job, mes affaires tournent mal.

1	2	3	4	5

20. J'ai peur de passer pour un(e) idiot(e).

1	2	3	4	5

Comment analyser vos réponses ?

Comptez votre nombre de points et reportez-vous au paragraphe correspondant :

- Moins de 40 points : de rares sentiments d'imposture. Vous collez assez bien à votre rôle, parfois un peu trop. Vous manquez d'un peu de recul par rapport à votre personnalité sociale.
- Entre 41 et 60 points : l'hypocrisie de tout le monde. Vous jouez le jeu social avec juste ce qu'il faut de distance et de complicité.
- Entre 61 et 80 points : des sentiments d'imposture très ancrés. Vous sentez souvent et désagréablement un décalage dans la manière dont les gens vous perçoivent socialement ou professionnellement.
- Plus de 80 points : très complexé évidemment. Vous avez du mal à supporter l'image que l'on a de vous.

Comment adopter une attitude de gagneur ?

Comme tous les complexes, l'imposture se soigne. Oser en parler avec les autres est déjà un premier pas. On constate d'ailleurs très vite que beaucoup de gens ont éprouvé les mêmes sentiments, les mêmes difficultés. Dans les cas légers, la formule magique qui a réussi avec Emmanuelle peut aussi fonctionner. On peut se répéter (méthode Coué) : « Si on m'a choisi, ce n'est pas par hasard. » Dans les cas plus graves, l'effort direct de volonté ne sert à rien. Un peu comme si un insomniaque s'obligeait à dormir. Pour guérir de son complexe, il faut en fait d'abord prendre conscience de ses automatismes, repérer les constantes de ses comportements. D'où l'intérêt de parler, d'écouter les autres qui remarquent souvent mieux que nous nos habitudes, nos manies. Ensuite on peut utiliser les techniques de désensibilisation méthodique mises au point par les spécialistes des thérapies comportementales. Première technique, l'entraînement assertif. Elle consiste à établir une liste hiérarchisée des situations qui réactivent les complexes dans l'ordre du moins au plus pénible. puis à se confronter volontairement à la moins pénible, et cela jusqu'à se sentir parfaitement à l'aise dans cette situation. Après on passe à la suivante et ainsi de suite. Deuxième méthode : la relaxation dans la désensibilisation progressive. Ici aussi on établit d'abord une liste des situations qui réactivent les sentiments d'imposture. Puis dans un état de relaxation, on visualise chaque situation, en commençant par la plus faible, jusqu'à ce qu'elle ne provoque plus d'images ou de sentiments négatifs.

Mais il est rare qu'on soit obligé d'en arriver là. En général, le complexe d'imposture est moins pénible que beaucoup d'autres complexes. Dans ses formes habituelles, il stimule plus qu'il ne paralyse. Il encourage l'effort, il invite à la performance ; il provoque le succès.

Chapitre 15

Doper une volonté trop faible

Vouloir c'est pouvoir, paraît-il. Ce n'est pas nécessairement évident. On ne peut pas toujours prendre ses désirs pour des réalités. On peut vouloir très fort quelque chose (ou quelqu'un) et ne pas l'obtenir parce qu'on a vu trop grand. Telle est la morale de la grenouille de La Fontaine qui voulait devenir bœuf. D'un autre côté, on peut souvent plus qu'on ne veut. Tel est le cas des personnes brillantes qui manquent de volonté : malgré un excellent potentiel (intelligence, charisme...), elles obtiennent peu de résultats (emploi minable, chômage longue durée...). Et puis, on peut se tromper : on croit qu'on veut (par exemple, devenir chef), mais en fait, c'est juste parce qu'on peut. Dans ce cas, on se retrouve parfois avec la responsabilité d'un service ou d'une équipe (parfois même d'une boîte) alors que l'on attendait seulement plus de variété dans son travail, des perspectives de carrière et de développement personnel. Bref, on veut parfois trop, souvent pas assez...

Mais une chose est certaine : il n'y a pas de réussite sans volonté, une volonté suffisamment forte pour persévérer et suffisamment souple pour s'adapter.

Êtes-vous volontaire (trop ou pas assez) ?

Vous avez envie de réussir, de grands projets, de grandes ambitions, mais avez-vous la volonté nécessaire ? Et comment gérer une volonté de fer ou doper une volonté molle ? Voici trente-deux situations typiques, cochez dans chaque paire de propositions celle qui correspond le plus à votre personnalité (forcez-vous à répondre si aucune ne vous satisfait vraiment).

Quand quelqu'un me plaît, m'intéresse, je vais vers lui, même s'il n'est pas seul. Δ
Je n'ose pas l'aborder, surtout s'il est déjà occupé. ■

Je m'énerve rarement quand on me dérange dans mon travail, quand je suis occupé. ❑
J'ai horreur d'être interrompu quand je fais quelque chose. ▲

Je suis plus efficace quand je peux prendre des initiatives dans mon travail. ●
J'ai besoin qu'on me dise ce que j'ai à faire pour être efficace. ■

Je pense qu'il y a dans la vie des choses beaucoup plus importantes que l'amour. ❑
Pour moi, le plus important dans la vie, c'est d'aimer et d'être aimé. ▲

Je me fiche un peu de ce que les autres pensent de moi (du moment que je peux faire ce que je veux). ●
J'ai besoin de me sentir aimé, apprécié par mes proches, les gens que je rencontre. ■

Je sais toujours quels vêtements porter en toutes circonstances. ❑
Je mets toujours des heures pour savoir comment m'habiller. ◆

Je prends facilement des habitudes. ●
Je ne sais pas ce que je vais faire demain. ▼

J'ai suivi une filière scientifique parce que cela me plaît. ❑
J'ai fait maths pour faire plaisir à mes parents (qu'est-ce que je souffre !). ■

J'ai des idées bien arrêtées. ●
Je change tout le temps d'avis. ◆

Dès que quelqu'un me prend la tête, je romps tout de suite. Δ
Je lui trouve toujours des excuses. ■

À l'école, j'étais champion au grimper de corde. Δ
Je me débrouillais toujours pour sécher les cours de gym. ▼

Je juge plutôt les gens sur les actes, les résultats. ○
Pour moi, ce qui compte vraiment, ce sont les sentiments, les intentions. ▲

Je suis entier dans mes idées, mes sentiments (je m'entête facilement). ●
Dans la vie, j'essaye toujours de ménager la chèvre et les choux. ▼

Je ne me rappelle presque rien de mon enfance. ●
Je repense souvent avec nostalgie à mon enfance. ■

Un homme, une femme, de perdu, dix de retrouvés. ∆
En couple, j'ai toujours peur que l'autre me quitte. ■

On me jette par la porte, je rentre par la fenêtre. ❑
Quand on me repousse, je vais me cacher tellement j'ai honte. ▲

Je voudrais sauter en parachute. ∆
Même pas en rêve. ▲

Je déprime quand je n'ai rien à faire pendant cinq minutes. ❍
Je rêve de pouvoir paresser au lit pendant trois jours. ▼

En vacances, je ne me lève jamais avant midi (même quand je n'ai pas fait la fête toute la nuit). ∆
Je me lève avec les poules pour en profiter le plus possible. ▲

Quand j'ai quelque chose de pénible à faire, je m'en débarrasse le plus vite possible. ●
J'attends toujours la dernière minute. ▼

J'ai déjà essayé d'arrêter de fumer une bonne centaine de fois. ∆
Je ne dis jamais non à un « pétard » quand on me le propose. ◆

Je stresse comme une malade avant chaque épreuve (mais je réussis presque tout). ❍
Je suis très détendu (mais je rate souvent : on ne peut rien contre son destin). ◆

Je sais ce que je ferai dans quatre-cinq ans. ❑
Je me demande souvent (avec angoisse) ce que l'avenir me réserve. ▲

Au bureau, j'aide sans qu'on me demande rien. ❍
Je me défile toujours quand je vois venir les corvées. ▼

Je suis très ponctuel à mes rendez-vous ; j'arrive même souvent en avance pour être sûr d'être à l'heure. ●
Je suis presque tout le temps en retard (pourtant je cours). ◆

Dans mon travail et en général, je me contente de faire les choses comme il faut. ❍
J'ai besoin que tout soit parfait. ▲

Je trouve que les gens n'ont que ce qu'ils méritent. ❑
Je m'apitoie facilement sur le sort des autres. ◆

Je peux travailler des heures d'affilée (au moins dix) sans m'arrêter. ❍
Je fatigue vite : j'ai besoin d'arrêter souvent pour récupérer. ▼

Je suis toujours de bonne humeur quand je me réveille (surtout si j'ai une journée chargée). △
Je ne suis pas de bonne humeur le matin ; j'ai toujours du mal à émerger. ▼

Je suis des cours de management le soir pour monter un jour ma propre boîte. ❍
Je regarde ma mère faire la cuisine pour devenir plus tard « femme au foyer ». ■

Quand je me concentre, le monde peut s'écrouler autour de moi. ❍
Je suis facilement distrait dans mon travail. ◆

Quand j'ai une idée, je trouve toujours une solution pour la réaliser. ❑
J'ai toujours plein d'idées ; ce sont les moyens qui me manquent. ◆

Comment analyser vos réponses ?

Comptez les différents symboles et reportez-vous au profil correspondant.

Le camp des volontaires

Majorité de Δ
Votre type : entreprenant
Ultra-motivé, toujours partant, vous ne vous perdez pas en hésitations, vous savez vous décider rapidement (revers de la médaille : vous prenez souvent des risques inconsidérés). Vous n'épargnez pas votre enthousiasme, votre énergie pour montrer que vous êtes le plus fort, le plus apte à survivre en milieu concurrentiel, voire hostile. Vous ne détestez pas monter au front, prendre des risques (beaucoup d'audace). Vous excellez dans les situations de crise (beaucoup de sang-froid). Habitué de l'action directe, vous obtenez des résultats tangibles (des succès) en surprenant, en étonnant ou en effrayant tout votre petit monde.

Votre force
Vous êtes toujours en mouvement, dans une dynamique, une construction. Vous croyez à ce que vous faites, à vos chances de succès. Les défis, les difficultés ne vous faisant pas peur, ils sont même souvent stimulants ; vous êtes capable de vous attaquer à de gros dossiers, des projets ambitieux. Comme vous faites beaucoup, un échec ne vous déstabilise jamais

bien longtemps. Vous n'êtes jamais en panne de motivation, de solution, pour redémarrer.

L'inconvénient
Il y a souvent dans la vie des situations bloquées où le plus sage est de ne rien faire, d'attendre que la situation évolue naturellement. Dans ce cas, vous avez un peu trop tendance à chercher à forcer les événements. Parfois cela passe, mais souvent cela casse. Votre comportement est très stressant (trop d'angoisses, de rapports de force) pour tout le monde et intenable sur la longueur.

Comment optimiser ?
Vous devez réfléchir un peu plus avant d'agir : reconnaître quand une situation est bloquée, attendre un moment plus propice (au lieu de foncer parce que vous ne savez pas attendre) et prendre des risques seulement quand c'est la meilleure solution (au lieu de jouer systématiquement l'audace parce que vous ne savez pas être prudent).

Majorité de ○
Votre type : persévérant
Chez vous, les efforts sont mesurés, vous êtes plus marathonien que sprinter, plus doué pour le long terme que pour les succès faciles. Très concentré sur vos objectifs, non seulement vous ne rechignez pas à donner beaucoup de vous-même quand vous avez quelque chose en tête (vous chargez même souvent beaucoup la barque), mais vous savez aussi attendre votre heure (vous ne voulez pas tout, tout de suite).

Votre force
Vous êtes très accrocheur. Quand vous croyez à une idée, un projet, vous êtes capable de vous mobiliser durablement

en dépit des obstacles, des difficultés. Vous n'avez rien d'un velléitaire, vous ne renoncez pas au moindre vent contraire, mais vous possédez une volonté bien ancrée, une extrême détermination. Votre style s'apparente beaucoup d'ailleurs à celui des grands fauves politiques qui peuvent tout subir : on les croit perdus, mais ils se relèvent toujours.

L'inconvénient
Ancré dans vos convictions, focalisé sur vos objectifs, vous vous obstinez parfois au-delà du raisonnable. Quand on se lance dans des opérations compliquées, à long terme, les données souvent évoluent au fil du temps, et ce qui était jouable le jour J peut s'avérer ne plus être valable. Dans ce cas, la persévérance devient de l'entêtement, porte préjudice.

Comment optimiser ?
Vous devez comprendre que votre obstination est un réflexe défensif (au fond, vous avez peur de rater), sentir quand c'est le moment de faire une percée (décisive) ou de décrocher (momentanément). Et toujours avoir un plan B, des scénarios de rechange pour vous adapter.

Majorité de ❑
Votre type : stratégique
Vous voulez beaucoup, vous voyez parfois grand, mais toujours à votre mesure. Vous ne rêvez pas de devenir top model ou champion de basket quand vous mesurez 1,60 m ou de faire une carrière à l'international si la simple vue d'un avion à la télé vous donne la nausée. Vous ne vous attendez pas non plus à voir les alouettes vous tomber toutes rôties dans le bec. Bien sûr, vous croyez à la chance, mais comme on dit, « aide-toi et le ciel t'aidera ». Aussi, vous ne laissez rien au hasard. Quand vous voulez quelque chose, vous mettez tout en jeu pour l'obtenir (même si ce n'est pas grand-chose).

Votre force
Ne jamais prendre les problèmes de front. Votre style de volonté s'apparente à celle d'un joueur d'échecs : beaucoup de réflexion avant d'agir, de prudence ensuite. Chez vous, peu de coups d'éclat, mais une suite d'actions longuement préméditées. Vous prenez le temps de placer vos pions, vous prévoyez les réactions possibles et vous anticipez. Vous avez toujours plusieurs scénarios de rechange dans votre besace pour vous adapter.

L'inconvénient
Parfois vous êtes trop calculateur. Alors vous manquez de réflexe et vous laissez passer votre chance quand elle se présente. Ou vous compliquez les choses. Par exemple, vous montez toute une usine à gaz pour obtenir que Benoît aille chercher votre petite sœur à l'aéroport ou que votre patron vous offre le dernier portable PC (cher) alors qu'il serait plus simple de le leur demander. Résultat : vous passez souvent pour un manipulateur, une fille ou un garçon intéressés.

Comment optimiser ?
Soyez moins personnel, secret. Les gens autour de vous ne sont pas tous des rivaux ou des ennemis en puissance. C'est bien d'être patient, de savoir ruser, mais vous réussirez beaucoup mieux (et plus vite) en étant plus spontané. Et plus réactif, ouvert aux circonstances. La vie nous apporte souvent ce qu'inconsciemment on veut vraiment. On ne sait pas qu'on le veut tant qu'on ne l'a pas eu. Il est trop bête de le rater.

Majorité de ●
Votre type : perfectionniste
Pas de doute, vous êtes volontaire, extrêmement déterminé même. Mais à ce point-là, c'est presque du fanatisme. Vous

ne vous décidez jamais à la légère, vous avez parfois des difficultés pour commencer, mais après c'est sûr, vous mettez tout en œuvre pour réussir. Accroché à vos méthodes, vous manquez de souplesse. Et souvent vous vous obstinez envers et contre tout, au-delà de ce qui est raisonnable.

Votre force
La recherche de la perfection. Vous préférez en faire peu, mais très bien, plutôt que beaucoup, mais à peu près ou mal. Donc beaucoup de conscience professionnelle et d'amour du travail bien fait. Avec vous, tout est clean, bien carré, très pro. De plus, vous ne comptez jamais votre temps, vos efforts quand cela peut (doit !) améliorer les choses.

L'inconvénient
Le mieux est l'ennemi du bien. En cherchant à trop bien faire, vous manquez souvent de sens pratique, vous ne tenez pas assez compte des contraintes, les vôtres comme celles des autres : vous êtes hors budget, hors délais. Souvent, vous vous noyez dans les détails et vous perdez de vue votre objectif final : obtenir un résultat convenable.

Comment optimiser ?
À ce niveau, votre volonté de trop bien faire implique souvent plus de la méfiance (vous avez peur de rater, d'être mal jugé) que de la confiance en soi. Vous devez penser autrement. Pas pour tout, seulement pour ce que vous croyez vouloir dur comme fer. Chaque fois que vous êtes prêt à tout sacrifier pour obtenir quelque chose, posez-vous la question : « Et après ? » Demandez-vous si votre vie changerait vraiment si vous réussissiez sans atteindre la perfection. Vous verrez ! Après, il vous sera plus facile de passer des compromis avec la réalité, sans avoir l'impression chaque fois que le monde va s'effondrer.

Résolutions : ça marche vraiment !

Le simple fait de prendre une résolution augmente vos chances de succès. C'est ce que démontre une étude de John Norcross, un psychologue de l'université Scranton, en Pennsylvanie. Il a comparé 159 personnes qui avaient pris des résolutions du Nouvel An à 123 sujets qui voulaient changer d'habitudes, mais ne se l'étaient pas promis. Après six mois, 46 % de ceux qui avaient résolu de perdre du poids ou d'arrêter de fumer avaient tenu parole. Mais seuls 4 % de ceux qui n'avaient pas fermement exprimé leur désir de changer avaient réussi à le faire. Selon John Norcross, la décision doit venir véritablement de soi : ceux qui avaient pris des résolutions concordant avec leurs valeurs personnelles plutôt qu'avec celles de leurs proches ou avec des pressions sociales ont mieux réussi que les autres à tenir parole.

Source : *Journal of Clinical Psychology*

Le camp des non-volontaires

Majorité de ■
Votre type : suiviste
Consciencieux, vous êtes plein de bonne volonté (vous voulez toujours bien faire). Votre patron, vos collaborateurs peuvent compter sur vous pour ne pas créer de difficultés. Dans votre travail, au bureau, vous faites souvent plus et mieux que les autres. Ou, au contraire, vous êtes le canard boiteux de l'équipe. Votre refrain favori : « Je fais ce que je veux, quand je veux » ; c'est votre façon de manifester de la

mauvaise volonté. Vous faites les choses en traînant des pieds (et souvent le contraire de ce qu'on vous demande).

Votre handicap
Dans un cas comme dans l'autre, vous n'avez pas de volonté personnelle. Vous vous déterminez uniquement par rapport aux autres. Soit en vous montrant obéissant : vous pensez et vous voulez ce qu'ils pensent et veulent. Soit en vous révoltant : vous décidez et vous agissez en prenant le contre-pied. Cela revient au même. En vous démarquant systématiquement des idées et des projets des autres, vous subissez aussi étroitement leur influence qu'en leur obéissant. Résultat : vous êtes sur des rails ou alors vous vous cherchez, mais au fond vous ne savez pas ce que vous voulez vraiment, ce qui est bien pour vous.

Comment le surmonter ?
Cela dépend de votre profil.

1. Vous êtes plutôt un **obéissant**

Vous ne pouvez pas tout abandonner (votre travail, votre patron, votre vie…) du jour au lendemain en disant « c'est pas moi tout ça » et attendre l'inspiration : « Voilà, c'est ce que je veux ! » Vous êtes bien obligé de vous en tenir à vos choix actuels. Cependant, il y a tous les jours d'autres choix à faire, d'autres décisions à prendre. Chaque fois que c'est possible, posez-vous la bonne question : « Est-ce que c'est moi qui veux ça ? » ou « Est-ce les autres qui le voudraient pour moi ? » Et, surtout, projetez-vous dans l'avenir : « Franchement, je me vois dans cinq ans avec cette vie, ce métier, ce patron… là ? »

2. Vous êtes plutôt un **rebelle**

Aujourd'hui, adoptant la position du tout ou rien, vous rejetez en bloc les valeurs (sociales, familiales…). Votre volonté s'exerce « contre » (plus vous contrariez les autres, plus vous êtes décidé). Comment savoir ce que vous voulez vraiment, vous ? En tentant une expérience. Toutes les idées des autres ne sont pas bonnes à jeter. Choisissez-en une (quelque chose que votre patron, ou pourquoi pas votre moitié, vos parents, aimerait vous voir faire) et engagez-vous à fond. Après, seulement, vous saurez ce qui est bien ou mal pour vous.

Majorité de ◆
Votre type : velléitaire
Beaucoup d'intentions fortes. À vous entendre, vous allez « casser la baraque ». Mais, concrètement, vous manquez de suite dans les idées. Vous agissez sur un coup de tête (de cœur, de foudre...). Mais, très vite, si vos premières tentatives n'aboutissent pas, vous vous lassez et vous abandonnez. Et, même quand elles le font, vous zappez. Résultat : vous commencez mille choses différentes, mais vous allez rarement jusqu'au bout de vos projets.

Votre handicap
Il s'agit ici d'une inconstance de la volonté. Vous voulez mollement : vous en restez au stade de l'intention, vous ne prenez pas de décision. Ou alors pas durablement : vous êtes incapable d'effort dans ce que vous entreprenez. Vous n'êtes pas plus motivé par le succès que par l'échec. Il n'y a que la nouveauté (projets, activités...) pour vous stimuler (passagèrement). Vous avez besoin de changer tout le temps. Ce que vous ne connaissez pas vous intéresse toujours beaucoup plus que ce que vous connaissez. Vous imaginez toujours que l'herbe serait plus verte dans une autre boîte, un autre emploi, avec un autre patron, d'autres collègues, une autre moitié. Ce que vous n'avez pas vous attire toujours

plus que ce que vous avez. Mais tout cela aboutit rarement, faute de persévérance.

Comment le surmonter ?
D'abord, en étant réaliste. Pas question d'espérer vous forger une volonté de fer (une velléité de plus !). En revanche, vous pouvez limiter les dégâts. La solution : arrêtez de vous disperser. Tous les velléitaires courent toujours plusieurs lièvres à la fois (pour être bien certains de n'en attraper aucun). Alors, limitez-vous. Essayez, pour une fois, de vous engager vraiment (dans un projet, un travail, avec quelqu'un...) et d'aller jusqu'au bout. Tant pis si vous vous trompez. Même en cas d'échec, à terme vous êtes gagnant : vous devenez adulte.

Majorité de ▼
Votre type : indolent
Pas plus de volonté qu'un navet ! Cela peut prendre plusieurs formes. La procrastination : vous remettez systématiquement au lendemain ce que vous pouvez faire le jour même (par exemple, réviser le bac trois jours avant). L'idéalisme : des objectifs inaccessibles (ce n'est même pas la peine d'essayer), des conditions optimales pour passer à l'action (tant qu'elles ne sont pas réunies, elles ne le sont jamais, vous ne levez pas le petit doigt). Le pessimisme : vous dramatisez les difficultés (réelles) ou vous imaginez toutes sortes de complications futures pour avoir de bonnes raisons de baisser les bras aujourd'hui. Résultat : vous entreprenez et vous réalisez peu de choses, en trouvant que c'est déjà bien.

Votre handicap
Une inhibition de la volonté. C'est, parfois, de la paresse : vous allez au plus facile pour en faire le moins possible. Parfois aussi, de la lâcheté : vous renoncez pour fuir les ennuis (quitte

à vous faire avoir). Ou alors des complexes : vous manquez de confiance en vous (humilié par des parents trop directifs, traumatisé par un échec…), vous ne vous croyez capable de rien, vous voulez petit. Ou encore une conduite d'échec (dans ce cas, vous avez l'illusion de vouloir) : vous dressez vous-même les obstacles qui vous empêchent d'avancer (de vouloir, d'agir, de réussir…) ou vous ne vous engagez que sur des voies de garage (petits boulots, patrons minables, boîtes sans avenir).

Comment le surmonter ?
En vous entraînant à vouloir. La volonté, c'est comme les muscles, elle peut se durcir. La méthode consiste à faire la liste des dix choses, petites ou grandes, que vous voudriez faire dans l'idéal. Par exemple : repeindre mon appartement, ne plus me laisser martyriser par Brigitte (l'âme damnée du chef), inviter à dîner Benoît (le DRH) qui me fait craquer, passer mon permis de conduire moto, demander une augmentation à mon patron, etc. Puis à y réfléchir et à classer du moins pénible au moins pénible. Ensuite, vous prenez en main l'action numéro 1 (la moins pénible) et vous vous y mettez tout de suite. Le principe, c'est d'y consacrer chaque fois le temps nécessaire (de quelques minutes à plusieurs mois), de ne pas passer au dossier suivant tant que vous n'avez pas complètement bouclé le précédent.

Majorité de ▲
Votre type : obsessionnel/chimérique
Coupeur de cheveux en quatre, vous ne bougez jamais d'un millimètre avant d'avoir tout prévu. Vous cherchez toujours (et vous les trouvez) la petite bête, les risques, les inconvénients : chic, un pique-nique, une promo, oui mais… les embêtements, les araignées, la foudre, les embouteillages. Et vous pensez aussi aux conséquences lointaines et fâcheuses

de vos actes (modèle : j'apprends à conduire = j'ai une voiture = j'ai un accident). Ou alors, tout le contraire, vous vivez dans l'illusion : vous entreprenez des choses (études, métier, relation...) sans avenir, vous vous préparez indéfiniment pour des événements qui n'auront jamais lieu (donner votre démission, partir à New York, exposer vos œuvres...).

Votre handicap

L'indécision. Look bonne sœur ou cow-girl ? Jean ou costume ? Mac ou PC ? En butte à ces équations simples, vous passez des semaines à soupeser le pour et le contre, à vous prouver par *a* + *b* qu'il y a autant de raisons de choisir les uns que les autres. Vous croyez être objectif, mais dans votre tête les choses sont toujours égales ou le contre l'emporte sur le pour : vous ne pouvez plus vous décider. Ou alors votre volonté n'a pas de prise sur le réel : vous avez deux vies. Dans l'une, vous êtes efficace, mais vous voulez et vous avez ce qui ne correspond pas à vos aspirations profondes (par exemple, vous êtes chef comptable alors que vous détestez et les chefs et les chiffres). Dans l'autre, vous rêvez d'un tour du monde en bateau, de vous expatrier en Australie, de ne plus courir après l'argent... et vous vous interdisez toute réalisation.

Comment le surmonter ?

Cela dépend de votre profil

1. Vous êtes plutôt **obsessionnel**

Votre ennemi, c'est la logique. Dès que vous commencez à raisonner, vous êtes perdu. Alors, forcez-vous systématiquement à suivre votre première impulsion (comme l'impression, c'est la bonne). Démarrez au quart de tour et maintenez la pression. Ainsi, vous ne vous laisserez pas le temps de vous poser trop de questions. Ou de changer d'avis.

2. Vous êtes plutôt **chimérique**

Le problème, dans ce cas, est que vous n'avez pas l'impression d'être en manque. Pour vous, penser à quelque chose (un voyage, un travail, une relation, un fauteuil de chef...), c'est comme le vivre. D'autant mieux qu'en restant dans le virtuel, vous évitez les risques, les inconvénients du monde réel. Pour vous en sortir, le seul moyen est de mettre fin une bonne fois pour toutes à vos fantasmes. Pensez à quelque chose qui vous fait vraiment rêver ou dont vous avez très envie, et *just do it.*

CHAPITRE 16

RÉUSSIR SANS SE CALCINER

Travailler plus, plus vite, sans droit à l'erreur, sans perspective à long terme, ni reconnaissance : de plus en plus d'actifs, notamment les cadres, sont atteints de B.O.S. (*burn-out syndrome*), d'épuisement professionnel, le fameux *kaloshi* (mort subite au travail), qui conduit beaucoup de salariés japonais (et d'employés de France Télécom) au suicide. D'ailleurs 25 % des PDG des 100 premières entreprises européennes craignent de faire un burn-out (Sutherland et Cooper) et, en France, deux cadres sur trois s'inquiètent pour leur santé (ministère du Travail). Certaines professions – contrôleur aérien, enseignant, commercial, dirigeant d'entreprise, pilote d'avion, policier, infirmière, assistante de direction, standardiste, coursier... – sont plus particulièrement exposées. Mélange de stress et de dépression, le burn-out a pour Maslach et Jackson, deux psys américains, trois caractéristiques spécifiques : l'épuisement émotionnel, la déshumanisation de la relation à l'autre, la perte du sens de l'accomplissement de soi au travail.

Êtes-vous proche du burn-out ?

C'est vite dit de réussir ! Mais à quel prix ? En y laissant sa santé à cause du stress ? En sacrifiant sa vie privée (et celle de ses proches) ? Êtes-vous en train de vous calciner ? Cochez chaque fois que vous vous reconnaissez.

- o Je zappe des repas (surtout le petit déjeuner).
- o J'oublie parfois mes rendez-vous.
- o Je travaille tous les week-ends ou presque.
- o Quand un nouveau débarque dans la boîte, instinctivement je me méfie.
- o Je vois de moins en moins ma famille et mes amis intimes.
- o J'ai souvent des difficultés à me lever le matin.
- o Cela fait bien six mois que je n'ai pas eu une idée nouvelle.
- o Je déjeune souvent au bureau en travaillant.
- o J'ai grossi ou maigri (au moins 5 kilos) ces douze derniers mois.
- o Je suis joignable 24 heures sur 24.
- o Je n'ai pas envie de sortir le soir (je m'écroule à 21 h 30 devant la télé).
- o Je ne trouve jamais du temps pour faire du sport.
- o Ma femme (mon mari) a demandé le divorce.
- o Au bureau, en famille aussi, je m'énerve souvent pour des riens.
- o Mon rendement diminue constamment alors que je travaille de plus en plus.
- o Mes efforts, mes mérites sont rarement remarqués.
- o Quand mon patron me convoque dans son bureau, je ne peux pas m'empêcher de penser « licenciement ».
- o Je me suis blessé plus d'une fois ces six derniers mois.
- o J'ai de plus en plus de mal à déléguer.
- o Je bois de l'alcool et/ou je fume du cannabis dans la journée.

- Dans le métro, le bus, le train, je m'endors souvent.
- J'ai de moins en moins envie de faire l'amour.
- Je me sens de plus en plus isolé dans mon travail, de moins en moins soutenu.
- J'ai beaucoup de mal à m'endormir le soir, je me réveille souvent plusieurs fois la nuit.
- Je n'ai qu'une hâte : retrouver le bureau.
- Je prends régulièrement des somnifères ou des anxiolytiques ou des antidépresseurs, ou un peu de tout.
- Je suis pessimiste quand je pense à l'avenir, le mien, celui du monde.
- J'ai souvent mal quelque part : crampes, migraines, troubles gastro-intestinaux, règles douloureuses...
- J'éprouve de plus en plus de difficultés pour me concentrer sur mon travail.
- J'ai souvent l'impression de ne pas avoir assez de temps pour tout faire.
- Les bruits soudains (sonnerie du téléphone, coup de sonnette, porte qui claque...) me font toujours sursauter.
- J'ai de plus en plus souvent l'impression d'être un pion facile à sacrifier.
- J'ai presque tous les jours un gros coup de pompe vers 17 heures.
- On me reproche de plus en en plus souvent d'être trop susceptible (de prendre mal les suggestions, les critiques).
- J'ai de plus en plus souvent envie de tout plaquer.
- Je traîne souvent le soir tard au bureau (après 19 h 30), alors que je n'ai rien de particulier à faire.
- J'habite et/ou je travaille dans un environnement très bruyant.
- J'ai été plus d'une fois en arrêt de travail ces douze derniers mois.
- J'ai de plus en plus fréquemment l'impression que je ne vais pas pouvoir assurer.

- o Il m'est arrivé plus d'une fois de me blesser juste avant de partir en vacances ou en week-end.

Comment calculer votre indice de burn-out ?

Comptez le nombre de cases que vous avez cochées et reportez-vous au profil correspondant.

Moins de 9
Bravo ! Votre indice de burn-out est exceptionnellement bas. Plus solide que vous n'existe pas. Pas de doute, vous faites un travail à moindres risques, vous pantouflez dans une sinécure. Ou alors vous avez une personnalité non « prédisposante » : ni une trop forte propension à l'anxiété, ni une conscience professionnelle trop poussée, pas de perfectionnisme, de désir de plaire ou d'incapacité à déléguer… Ou encore vous avez une hygiène de vie irréprochable, vous ne sacrifiez ni votre santé ni votre autre vie (famille, amour, culture…) à votre carrière, ce qui vous permet de récupérer physiquement et mentalement malgré la pression de plus en plus forte, les exigences de plus en plus poussées et les incertitudes bien réelles de l'avenir.

De 10 à 17
Pas mal ! Votre indice de burn-out est dans une norme acceptable. Vous êtes parfois épuisé par la vie active urbaine, mais vous avez encore les bons réflexes (bien dormir, manger, faire du sport…) pour rester en bonne santé. Le hic : cela devient insidieusement de plus en plus difficile avec l'âge, les responsabilités, les pressions accrues, etc. Le burn-out semble souvent survenir tout d'un coup, mais il est le résultat d'un processus lent, d'une tension continue durant de longues années. Alors, n'essayez pas d'atteindre des objectifs

irréalisables ou d'accomplir des tâches insurmontables. Et restez vigilant au moindre symptôme, particulièrement si vous faites un métier à risques.

De 18 à 27

Attention ! Votre indice de burn-out est à la limite. À ce stade, vous puisez tous les jours dans vos réserves (énergétiques, nerveuses...) pour faire face. Bientôt vous n'aurez même plus les réflexes de survie. Bien sûr, vous avez peut-être de bonnes raisons d'épuisement, un emploi très exigeant, une hiérarchie tyrannique, etc., mais garder un équilibre physique et mental intact, cela passe aussi par un travail sur soi. Alors ne vous laissez pas envahir, n'imaginez pas que tout est urgent. Apprenez à vous relaxer, à dire non, à prendre le temps pour lutter contre les tensions, retrouver le plaisir de travailler... et l'efficacité ! Prenez le temps aussi de vous occuper de vous : il y a une vie après le bureau !

Plus de 27

Stop ! Votre indice de burn-out est dans le rouge. À ce stade-là, votre organisme, vos neurones sont au bout du rouleau. Vous n'avez plus l'énergie émotionnelle, nerveuse pour faire face. En réalité, vous n'êtes même plus réellement « opérationnel », productif, ni non plus en mesure de récupérer sans soutien extérieur. Vous devez vous faire aider (médecin, psy) pour récupérer physiquement et pour vous réévaluer professionnellement (enjeux, aspirations, limites...) afin de vous fixer des objectifs plus réalistes. Vous avez aussi besoin d'une aide pour renouer le dialogue avec autrui, réapprendre le travail d'équipe et les relations avec des collègues. Bref, vous devez impérativement décrocher pour vous refaire une santé et physiquement et moralement.

Chapitre 17

Apprendre à décrocher

La Nouvelle-Orléans dans les années 1930. Le Kid de Cincinnati (Steve McQueen) est un champion au poker, lorsque Larsey Howard, dit le King (Edward G. Robinson), arrive, cherchant un nouvel adversaire à sa taille. Les deux hommes entament alors une partie marathon. Ils jouent non stop durant des heures et des heures, sans que l'un ou l'autre l'emporte. Épuisés, ils décident d'une pause. Plus jeune, le Kid reste « mobilisé » ; plus vieux, le King se retire, passe de l'eau sur son visage, se repeigne soigneusement, se refait une fraîcheur. Quand il revient à la table, il prend rapidement le dessus sur son adversaire... Savoir décrocher, récupérer, se ressourcer, c'est essentiel pour réussir. Quand on ne sait pas, ou mal, quand la fatigue, le stress s'accumulent, on est vite troublé dans ses jugements, perturbé dans ses décisions.

Savez-vous décrocher ?

Êtes-vous capable de lâcher prise ? Cochez chaque fois que vous vous reconnaissez dans les propositions suivantes.

- ❑ Je rapporte fréquemment du travail le soir à la maison ou le week-end.
- ❑ J'ai le mal de mer.
- ❑ Je m'ennuie vite quand je dois me contenter de regarder quelque chose (un jeu, un spectacle, etc.) sans rien faire.
- ❑ J'ai tendance à ruminer les mauvaises nouvelles.
- ❑ Je ne fais que travailler, je n'ai pas ou presque pas de vie à côté.
- ❑ Après coup, je me tourmente souvent pour des choses que je n'aurais pas dû faire ou dire.
- ❑ J'ai souvent l'impression qu'une catastrophe va me tomber dessus.
- ❑ Je suis plutôt remuant : j'ai du mal à rester en place.
- ❑ J'emporte souvent du travail quand je pars en vacances.
- ❑ Je fais rarement une sieste dans la journée.
- ❑ Il m'arrive souvent de téléphoner le soir ou le week-end à des personnes qui travaillent pour moi.
- ❑ Je ne parle presque jamais avec les membres de mon équipe de sujets qui ne concernent pas le travail (sport, loisirs, politique, vie privée...).
- ❑ Je suis souvent, sinon toujours, le dernier à partir le soir.
- ❑ Il m'est déjà arrivé (plus d'une fois) juste avant ou pendant les vacances d'avoir un « bobo » (cheville foulée, grippe, etc.) qui m'empêche d'en profiter.
- ❑ La veille d'un événement important (entretien, présentation, etc.), j'ai beaucoup de mal à m'endormir.
- ❑ Je n'arrive pas à dormir en voiture (et/ou en avion).
- ❑ Pour mon patron, j'ai souvent tendance à sous-estimer les délais (pour faire du zèle).

- ❑ Mon compte vacances est largement créditeur ; il me reste encore beaucoup de jours à prendre.
- ❑ J'ai souvent des crampes ou des douleurs musculaires (nuque, épaules, dos, jambes…).
- ❑ Je vais rarement, pour ne pas dire jamais, à l'église (ou au temple, à la synagogue, à la mosquée).
- ❑ J'ai besoin de me sentir indispensable.
- ❑ Depuis que je travaille, je n'ai jamais pris plus de quinze jours de vacances d'affilée.
- ❑ Porte qui claque, sonnerie du téléphone… je sursaute tout le temps en cas de bruit soudain.
- ❑ J'attends toujours d'être débordé pour me faire aider (en catastrophe).
- ❑ Dans mon travail, j'en fais beaucoup plus que ce pour quoi je suis payé.
- ❑ Je cherche toujours à me justifier, même si on me critique sur des détails.
- ❑ Au bout d'une heure sur une plage à ne rien faire, je commence à avoir des fourmis dans les jambes.
- ❑ Je déteste être interrompu quand je suis concentré sur quelque chose.
- ❑ Je cherche toujours à bien faire (je suis plutôt perfectionniste dans mon travail).
- ❑ Quand je fais une erreur, je m'en veux longtemps.
- ❑ Je fais souvent (au moins deux fois par semaine) des cauchemars.
- ❑ Je préfère mener une existence bien organisée ; je n'aime pas trop les surprises, même les bonnes.
- ❑ Après un succès, je me sens souvent un peu déprimé.
- ❑ Dîners, week-ends, sorties, fêtes… je suis souvent trop fatigué pour accepter les invitations.
- ❑ J'ai fréquemment l'impression que le temps me manque pour réaliser tout ce que j'aimerais idéalement faire.
- ❑ À table, j'ai souvent fini avant les autres.

- ❑ Je prends rarement le temps de faire une pause ou de discuter de tout et de rien autour de la machine à café.
- ❑ Je m'inquiète fréquemment à propos de petits riens.
- ❑ Il ne m'arrive quasi jamais de passer toute une journée sans voir quelqu'un ou téléphoner.

Comment analyser vos résultats ?

Comptez le nombre de fois où vous avez répondu « oui » et reportez-vous au profil correspondant.

Moins de 20 « oui »
Vous décrochez en un quart d'heure.

Pas de doute, l'oisiveté ne vous fait pas peur. Est-ce le fait d'une nature très flegmatique (vous n'êtes pas un stakhanoviste) ? Une conscience très claire de vos priorités (pour vous, le travail est un moyen, pas une fin) ? Une bonne gestion des situations (vous savez faire la part entre l'urgent et l'important et agir en conséquence) ? Ou un peu de tout cela ? En tout cas, vous n'êtes pas de ceux qui emportent du travail en week-end ou en vacances, qui sont obsédés par les dossiers en cours ou qui culpabilisent chaque fois qu'ils dételient. Ne mélangeant pas vie professionnelle et vie privée (vous laissez vos problèmes de bureau au bureau), vous profitez à fond de votre temps libre et, du coup, vous récupérez vite et bien. Rien à dire, sauf continuez ainsi.

De 21 à 30 « oui »
Rien à faire, vous ne savez pas faire.

Oh, bien sûr, vous décrochez contraint et forcé, par une grippe ou un autre ennui de santé. Ce qui n'est déjà pas si mal (le « présentéisme », le fait de venir travailler alors qu'on est malade coûte 180 millions de dollars par an aux États-

Unis). Les week-ends, les vacances, vous aimez... Mais c'est toujours avec une conscience un peu coupable, en pensant à tout ce que vous n'avez pas fait, qui reste à faire. Et vous mettez souvent un temps fou à vous acclimater, trouver vos marques ; vous n'en profitez pas vraiment pour vous reposer. Vous piétinez au bout de trois jours ou alors vous en faites trop (votre programme de vacances est plus chargé qu'un agenda ministériel). La chose à vous dire : votre emploi, votre carrière, ce n'est pas un sprint, mais un marathon, alors trouvez un professionnel de la relaxation et apprenez à vous ressourcer.

Plus de 30 « oui »
Dès que le travail s'arrête, c'est la panique !

Est-ce un problème de tempérament (plus ou moins hyperactif, vous avez besoin d'agir sans cesse) ? Un sens exagéré de la compétition (vous avez peur de perdre si vous cédez un seul pouce de terrain) ? Une nature trop anxieuse (vous avez peur que tout tourne mal si vous n'êtes pas aux commandes) ? En tout cas, vous ne savez pas vraiment lâcher prise. Vos soirées, vos week-ends, vos loisirs sont souvent contaminés par les tâches en cours. La seule idée de prendre des vacances vous angoisse toujours un peu. Vous ne partez pas souvent, pas longtemps et toujours un peu à reculons (bien obligé par votre conjoint, les congés payés, les enfants...), mais souvent avec mauvaise conscience. Résultat : vous profitez mal (vous ne vous ressourcez pas vraiment, pas assez). La chose à vous dire : trop épuisé, vous n'êtes plus bon à rien, alors faites-vous aider (médecin, psy) pour apprendre à décrocher et garder vos énergies intactes.

Chapitre 18

Restreindre les dommages collatéraux

Réussir, oui, mais à quel prix ? En sacrifiant sa vie privée et celle de ses proches ? Bien sûr, certains renoncements – moins de loisirs, de disponibilité pour l'amour, les amitiés, de temps pour soi – sont légitimes. Mais pendant combien de temps, jusqu'où ? Vaut-il vraiment la peine de faire le vide autour de soi ou de laisser le stress mettre sa vie en danger au nom de l'ambition ou au motif d'une surcharge de travail ? Et puis, n'est-ce pas contre-productif ? Toutes les études montrant qu'on réussit toujours mieux quand on bénéficie d'un soutien affectif. Il n'est pas facile de concilier vie affective et réussite sociale, de réussir sans dommages collatéraux.

Votre couple est-il en danger ?

Pas de doute, le travail est souvent meurtrier pour le couple, on ne réussit pas impunément. Mais ce n'est pas une fatalité en soi. Cela dépend pour beaucoup de vous. Avez-vous de bonnes défenses immunitaires ? Répondez par « oui » ou par « non » aux questions suivantes. Mieux : demandez à votre « moitié » d'y répondre aussi.

- ❑ Nous avons sensiblement le même niveau d'études. (A)
- ❑ Quand je dis : « Je t'appelle si je suis en retard », j'appelle. (B)
- ❑ Nous venons tous les deux du même milieu social. (A)
- ❑ Nous confrontons régulièrement nos deux agendas. (B)
- ❑ Nous sommes du même avis sur la place que doit tenir le travail dans la vie. (A)
- ❑ Je n'attends pas que mon conjoint me devine (quand je suis fatigué ou que je préfère sortir pour me changer les idées, etc., je le dis). (B)
- ❑ Nous travaillons tous les deux et nous avons sensiblement les mêmes horaires et les mêmes contraintes. (A)
- ❑ Nous donnons la même signification au mot « ami ». (A)
- ❑ Je n'accepte pas d'engagement pour nous deux sans demander à l'autre s'il est d'accord. (B)
- ❑ Nous sommes à peu près du même avis sur la façon d'élever les enfants. (A)
- ❑ Nous prévenons quand nous devons rentrer plus tard de notre travail ou nous absenter (dîner business, séminaires, voyages, etc.). (B)
- ❑ Nos rôles dans le couple (qui fait quoi) sont assez bien définis. (A)
- ❑ Quand l'un doit travailler absolument le week-end, nous choisissons ensemble le meilleur moment. (B)

- ❑ À la maison, nous prenons quasi tous nos repas ensemble. (B)
- ❑ Quand nous devons engager de grosses dépenses (voiture, hi-fi, informatique, etc.), nous prenons les décisions ensemble. (B)
- ❑ La plupart du temps, nous nous partageons les corvées (réunions de parents d'élèves, visites médicales, etc.), au lieu de les faire à deux. (B)
- ❑ Nous nous couchons (ensemble) aux mêmes heures. (B)
- ❑ Je pense que mon conjoint me donne de bons conseils pour mon travail. (A)
- ❑ Nous avons l'habitude de garder du temps (une soirée, un week-end...) pour notre couple seul (sans enfants, famille, amis, etc.). (B)
- ❑ Je n'accapare pas l'autre dès qu'il rentre le soir ; je lui laisse toujours un moment pour décompresser (et il en fait autant pour moi). (B)
- ❑ Depuis que nous sommes en couple, notre situation financière (à tous les deux) s'est améliorée. (A)
- ❑ Quand mon conjoint a des problèmes au bureau ou dans son travail, il m'en parle. (B)
- ❑ Le week-end, nous partageons souvent des passions communes. (A)
- ❑ Je ne fais pas semblant d'écouter quand j'ai la tête ailleurs. (B)
- ❑ Quand nous recevons, nous avons envie d'inviter les mêmes personnes. (A)
- ❑ Nous savons tous les deux combien l'autre gagne. (A)
- ❑ Nous nous arrangeons presque toujours pour passer un petit moment ensemble le matin avant de partir. (B)
- ❑ Quand j'appelle l'autre au bureau, je lui demande d'abord si je ne le dérange pas. (B)
- ❑ Cela ne me gênerait pas que mon conjoint gagne beaucoup plus que moi. (B)

- ❑ Nous sommes assez synchrones sexuellement (l'un et l'autre ont envie à peu près en même temps). (A)
- ❑ Je pense que mon couple ne m'empêche pas d'atteindre mes objectifs personnels. (A)
- ❑ Nous avons de nombreux projets communs pour les mois et les années à venir. (B)
- ❑ Je pense que l'autre s'occupe bien des enfants et il en pense autant de moi. (A)
- ❑ Je pense que le travail de mon conjoint est au moins aussi intéressant ou passionnant que le mien (et vice-versa). (A)
- ❑ Nous sommes le plus souvent d'accord sur la manière de gérer notre patrimoine. (A)
- ❑ J'ai déjà présenté à mon conjoint mes plus proches collaborateurs ou collègues (et vice-versa). (B)
- ❑ Nous savons quel genre de vie nous voulons mener tous les deux dans dix ou vingt ans. (A)
- ❑ Quand je repense au passé, je me dis que nos chemins se sont croisés au bon moment. (A)
- ❑ Je sais si mon conjoint a un « ennemi » au bureau en ce moment. (B)
- ❑ Nous avons sensiblement le même niveau de revenus (si nous travaillons tous les deux). (A)

Comment décoder vos résultats ?

Si vous avez fait le test seul

Comptez le nombre de fois où vous avez répondu « non », divisez par 2 : vous obtenez un coefficient de risque (entre 0 et 20). Décomptez ensuite, toujours pour les « non », le nombre des A ou B que vous avez obtenus. La lettre dominante indique ce qui manque en priorité à votre couple pour « résister » au travail. Puis reportez-vous au paragraphe correspondant.

Si vous avez fait le test tous les deux
Procédez de la même manière que plus haut. Puis comparez vos résultats.

Deux possibilités :

• **Vous obtenez le même niveau de risque.** Votre situation de couple est alors plutôt bonne, même en cas de risque élevé, voire très élevé : dans la mesure où vous avez tous les deux la même perception des problèmes, a fortiori vous avez la même envie d'y apporter des solutions. En comparant vos réponses une par une, vous découvrirez les efforts ou les changements qui s'imposent pour améliorer votre vie de couple.

• **Vous obtenez un niveau de risque différent.** Auquel cas, votre situation de couple est bancale, puisque vous n'êtes pas sur la même longueur d'ondes. Pire, vous n'êtes parfois pas très loin de la fracture si vous avez plusieurs niveaux de décalage. Même si vous êtes dans la zone risque faible et risque moyen tous les deux, le temps peut jouer contre vous. La bonne nouvelle, c'est qu'en prenant le temps de faire le test tous les deux, vous avez fait le premier pas pour vous retrouver.

Votre niveau de risque

De 0 à 5
Risque faible

Est-ce le fait de personnalités très semblables (tempéraments, valeurs, aspirations...) ? Et/ou avez-vous d'excellents réflexes pour maîtriser les retombées du travail sur votre vie quotidienne de couple ? En tout cas, aujourd'hui, vous avez peu de raisons de vous inquiéter . Bien sûr, des frictions, voire des mini-conflits, peuvent survenir à cause du travail, mais cela ne dure pas, reste sans conséquence. Et, a priori, tout devrait continuer ainsi à l'avenir, même si avec le temps, vos projets professionnels (à tous les deux) peuvent évoluer, changer, même si vous connaissez une mauvaise passe ou un coup dur.

De 5,5 à 10
Risque moyen
Pas de doute, vous avez trouvé un certain équilibre. Votre travail ne fait pas trop ingérence dans votre vie de couple, en tout cas pas encore. Mais il vous arrive quand même fréquemment aussi d'ignorer les demandes ou les « offres » de l'autre (attention, affection, soutien...). Comment prendre une assurance sur l'avenir ? Regardez dans quel domaine (A ou B) apparaissent des insuffisances, et « travaillez » votre couple pour y remédier. Si les A l'emportent, vous devez communiquer plus souvent sur les problèmes de fond (vos aspirations profondes, vos attentes, vos priorités respectives, etc.). Si ce sont les B, vous devez faire un effort pour ajuster un peu mieux vos contraintes professionnelles et conjugales.

De 10,5 à 15
Risque élevé
Même si vous vivez depuis longtemps ensemble, votre couple est fragilisé par le travail. Avec le temps, vos problèmes de fond occasionnant de plus en plus de blocages (si vous avez récolté plus de A), les conflits devenant de plus en plus intenses (si vous avez récolté plus de B), il peut se produire un dommage collatéral. Comment l'éviter ? D'abord, en vous posant les bonnes questions : qu'attendez-vous vraiment chacun de votre travail, quelles en sont les conséquences aujourd'hui, mais aussi pour l'avenir ? Ensuite, renforcez vos réflexes de couple (notés B) pour diminuer la pression de votre travail sur votre vie quotidienne.

15,5 et plus
Risque très élevé
Est-ce une erreur de casting initiale ? Vous avez au fond des personnalités très différentes (vous avez récolté plus de A que de B). Comme vous n'attribuez pas la même importance aux choses, vous avez du mal à concilier vie de couple et vie professionnelle. Ou bien une lente désagrégation due au stress du travail (vous avez récolté plus de B que de A) ? En tout cas, aujourd'hui, votre couple est particulièrement menacé. Seule solution pour éviter la fracture : remettre tout à plat en expliquant chacun vos objectifs et vos priorités et prendre de bonnes habitudes (notées B dans le questionnaire) pour ne plus laisser votre métier prendre le pas sur votre couple.

Partie IV

Je mets tous les chances de mon côté

Dans cette partie…

Élaborer des stratégies, lancer des projets, mener des opérations d'envergure… Ce n'est pas donné à tout le monde. Qu'est-ce qui fait les grandes réussites du business, du sport, de la politique ou du show-biz ? Toujours une supériorité dans le domaine des qualités humaines et émotionnelles, que les Américains appellent les *soft skills*.

Opposées aux *hard skills* qui désignent les compétences (*skills*) purement techniques (*hard*), les *soft skills* sont les talents en matière de communication, de travail en équipe, de créativité, de réactivité, de conscience professionnelle, etc.

Les chapitres suivants vous indiquent comment vous pouvez révéler vos *soft skills* et en tirer le meilleur parti.

CHAPITRE 19

RENFORCER SA CONFIANCE EN SOI

Pourquoi certains parviennent-ils à prendre la parole en public sans trembler, à entreprendre sans craindre l'échec ou à faire de nouvelles rencontres sans avoir peur ? Et d'autres pas ? D'où tirons-nous notre assurance ? Ne cherchez plus. Aujourd'hui, on sait que la confiance que nous manifestons, ou non, face au monde ou aux autres, dépend étroitement de l'estime de soi, autrement dit du sentiment de son efficacité personnelle et de l'aptitude plus ou moins grande à supporter les difficultés.

La timidité, est-ce dans les gènes ?

Un peu. La confiance en soi est en partie innée, pour un tiers environ, en partie acquise, largement conditionnée par l'éducation qu'on a reçue et les expériences qu'on a vécues.

Comme la plupart de nos traits de personnalité, la confiance en soi découle en partie de nos gènes. C'est ce qu'ont montré Kenneth Kendler et ses collaborateurs du département de psychiatrie et de génétique humaine de l'université de médecine de Virginie, en étudiant près de 4 000 paires de vrais et faux jumeaux. Ils ont d'abord évalué le niveau d'estime de soi de chaque personne, et ensuite comparé les jumeaux de chaque paire entre eux pour voir si ceux qui disposaient d'un patrimoine génétique semblable (les vrais jumeaux) avaient un niveau d'estime de soi similaire. Résultat : les chercheurs ont constaté que l'estime de soi était héréditaire chez 32 % des jumelles et 29 % des jumeaux.

Tout se joue-t-il avant deux ans ?

Presque. Un peu héréditaire, la confiance en soi reste avant tout liée à notre éducation. L'influence des parents, notamment des mères, est cruciale. On sait, par exemple, aujourd'hui, que le niveau de confiance en soi est lié aux contacts physiques. Plus un enfant est câliné, plus il se sent en sécurité et sûr de lui. C'est pourquoi d'ailleurs, selon beaucoup de psys, la confiance en soi est souvent excessive chez les garçons et insuffisante chez les filles. De nombreuses études montrent en effet que les mères ont plus d'intimité physique avec les bébés garçons. Elles allaitent plus longtemps leurs fils que leurs filles, les tiennent plus serré contre leur corps, leur parlent moins, mais les caressent davantage.

La période dite de « non »

Autre moment essentiel dans la constitution de la confiance en soi : la période entre 18 mois et 2 ans (cela dépend des enfants), dite du « non ». À ce moment-là, un enfant prend conscience de son individualité et cherche à l'affirmer : il dit systématiquement non pour marquer sa différence. Quand cela se passe bien, les parents l'encouragent à faire preuve d'autonomie (tout en posant des limites), quand cela se passe mal, ils brisent la confiance en soi. Ainsi, parfois, les parents ont été trop stricts, ont laissé trop peu de liberté d'initiative, d'action. Plus tard, on a une confiance en soi médiocre ; on n'ose plus rien sans rechercher au préalable l'assentiment des autres. Mais c'est le cas aussi quand ils se sont montrés trop protecteurs en voulant bien faire. On se met à croire qu'il est dangereux d'agir (on peut se faire mal, échouer), qu'on en est incapable.

Pas sûr de moi : la faute à maman ou à mon tempérament ? Aux deux ! Aujourd'hui, il est désormais clair que le tempérament d'un enfant façonne son développement. En partie parce qu'il détermine sa façon de réagir : un enfant naturellement irritable réagira de manière plus agressive ; un enfant timide, de manière plus craintive. Mais aussi parce qu'il détermine les réactions des autres : ses réactions négatives suscitent des réactions parentales négatives. Par exemple, les mères de bébés irritables sont moins confiantes et plus dépressives que celles de bébés dont le tempérament est plus paisible. Ou encore, comme l'a montré une équipe de chercheurs en neuropsychologie de l'université du Maryland (États-Unis), plus un enfant a un tempérament craintif, moins sa mère va adopter avec lui un comportement rassurant. Et moins la mère est rassurante, plus l'enfant devient craintif. Un véritable cercle vicieux...

Pour autant, papa-maman ne sont pas coupables de tout ! Les circonstances, les expériences vécues dans l'enfance ou pendant l'adolescence comptent pour beaucoup. Le degré de confiance en soi dépend aussi de tout ce qu'on a vu et entendu de ses proches : frères, sœurs, cousins, cousines, grands-parents, profs, « camarades » de classe... On gagne en assurance quand on se sent apprécié, respecté par les autres. En revanche, des réflexions humiliantes – le monde de l'enfance, notamment à l'école, est impitoyable – pour un nom difficile à porter, un défaut physique, une faiblesse de caractère, etc. peuvent miner pendant longtemps (jusqu'à ce qu'on fasse ses preuves) l'image que l'on a de soi.

Quand les hormones s'en mêlent

Le degré de confiance en soi est aussi lié aux productions hormonales. La testostérone, l'hormone sexuelle, celle de l'agressivité, joue un rôle clé dans le sentiment de confiance en soi. Plus on en a – les hommes en général –, plus on manifeste d'assurance, et plus souvent d'ailleurs on fait des bêtises : entre 11 et 16 ans, les garçons ont deux fois plus d'accidents (domestiques, scolaires, sportifs...), entre 15 et 24 ans, ils font six fois plus de chutes mortelles et ont quatre fois plus d'accidents de la route. En revanche, avec un taux de testostérone sensiblement moins élevé, les femmes sont souvent moins sûres d'elles, mais nettement plus conscientes des réalités.

Et les événements…

La confiance en soi est aussi sujette à variations. Elle est plus vulnérable, instable, à certaines périodes de la vie : l'adolescence avec ses doutes existentiels, la naissance d'un enfant qui bouleverse l'image de soi (et les habitudes), la ménopause (ne plus pouvoir enfanter peut être ressenti comme une perte), la vieillesse quand elle est perçue comme une mise à l'écart. En fait, tous les grands et petits événements qui entraînent une humiliation sociale (harcèlement moral, licenciement, revers de fortune…), une blessure narcissique (rupture sentimentale, divorce, maladie...) peuvent diminuer plus ou moins profondément, durablement, la confiance que l'on a en soi.

Pourquoi ne faut-il pas se croire trop fort ?

Toutes les recherches montrent que le niveau optimal de confiance en soi est un peu au-dessus des capacités réelles. Quand on se croit un peu plus fort qu'on ne l'est, on s'attaque à plus difficile, on se fixe des objectifs plus ambitieux. Cela encourage à faire plus d'efforts et à persévérer davantage. En revanche, quand on a trop confiance en soi, on surestime ses capacités réelles et on échoue souvent par manque de préparation, parce qu'on n'a pas assez tenu compte des difficultés.

Paradoxalement, d'ailleurs, ceux qui paraissent ne jamais douter d'eux-mêmes, à qui tout semble réussir, s'effondrent souvent (de différentes façons : dépression, alcoolisme, toxicomanie...) après un échec particulièrement cuisant. En fait, leur belle assurance était construite sur des artifices : la réussite sociale, le pouvoir, l'argent ; elle cachait un réel manque de confiance en soi à la base.

Peut-on réussir quand on n'a pas une grande confiance en soi ?

Sûrement, si l'on en croit toutes les études effectuées sur la question. Tout est une question de degré. Avec trop peu de confiance en soi, évidemment on se fixe des objectifs très en dessous de ses capacités réelles, on renonce souvent en imaginant les difficultés réelles ou supposées. On se dit « je n'y arriverai pas » et on ne tente même pas. En revanche, on sait qu'un sentiment de confiance en soi juste au-dessous de ses capacités réelles donne souvent une meilleure appréciation des situations. On se fixe des objectifs accessibles, on se prépare mieux (par exemple en s'informant, en apprenant davantage) parce qu'on ne mésestime pas les difficultés. Et on minimise d'autant les risques d'échec.

Avez-vous vraiment confiance en vous ?

Après avoir travaillé pendant quinze jours sur un projet de développement capital pour la boîte, une petite PME de graphisme et de packaging, Hélène le remet à son patron en lui disant : « Tenez, j'ai fait ce que j'ai pu. » Lucas, qui attendait beaucoup et du projet et d'Hélène, commence à douter : « Je me demande si j'ai bien fait de lui confier le bébé. » Car, en se dévalorisant, Hélène le dévalorise. Elle fait passer un message subliminal négatif : « Vous êtes vraiment nul d'avoir choisi une nulle comme moi. » Dans le travail, comme dans la vie, il est mal vu d'être trop imbu de sa personne, de se montrer présomptueux, voire arrogant, mais trop de modestie nuit tout autant. Pour rassurer, convaincre, il faut garder la bonne mesure : ni trop humble ni trop arrogant ; il faut être conscient de sa juste valeur. Une bonne confiance soi, ni trop ni pas assez, est indispensable pour marquer sa différence et réussir tout, ou presque, ce qu'on entreprend. Quelle confiance avez-vous en vous-même ? Comment la développer ? Cochez chaque fois que vous vous reconnaissez dans la liste suivante.

- ❑ J'envie mes amis quand ils me parlent de leur travail.
- ❑ J'ai du mal à m'amuser dans les soirées, les fêtes.
- ❑ J'ai souvent l'impression que mon patron ne me prend pas très au sérieux.
- ❑ Je m'excuse souvent, même quand je n'ai rien à me reprocher.

- ❑ Je doute souvent sans raison de la fidélité de mes collaborateurs.
- ❑ À l'école, j'étais catalogué parmi les « chouchous à lunettes » et persécuté par mes condisciples.
- ❑ Je ne fais pas très attention à mon alimentation.
- ❑ J'ai le sentiment de refaire toujours les mêmes erreurs.
- ❑ En société, j'ai souvent peur de passer pour un crétin, une idiote.
- ❑ J'utilise un autre prénom ou un autre nom que celui qui est inscrit sur mon passeport.
- ❑ Je ne fais que travailler ; je n'ai pas, ou peu, de vie à côté.
- ❑ J'ai déjà fait l'amour sans préservatif alors que je n'étais pas sûr de mon partenaire.
- ❑ Au bureau ou en week-end avec des amis, je me charge souvent de toutes les corvées.
- ❑ Je pense que quelqu'un m'en veut en ce moment au bureau.
- ❑ Je ne compte plus les livres, CD, DVD que j'ai prêtés et qu'on ne m'a jamais rendus.
- ❑ J'ai souvent des migraines.
- ❑ J'éprouve fréquemment le sentiment d'être incompris.
- ❑ Je bois au moins un verre d'alcool fort tous les jours.
- ❑ Je suis très sensible à la météo, mon moral a des bas et des hauts selon le temps.
- ❑ On me reproche souvent d'être trop sarcastique ou d'avoir l'air méprisant.
- ❑ J'ai tendance à bredouiller ou à prendre des plaques rouges quand je suis énervé.
- ❑ Je pense que mes succès doivent d'abord à la chance.
- ❑ Je ne me dispute jamais avec personne (ou tout le temps avec tout le monde).
- ❑ Je trouve que mes amis sont nettement plus intelligents ou cultivés que moi.

- ❑ J'ai subi des abus sexuels dans mon enfance ou mon adolescence.
- ❑ J'évite le plus possible de parler en public.
- ❑ Je suis très dépensier ou, au contraire, très économe.
- ❑ J'ai tendance à déprimer ou à m'énerver quand on me fait un reproche.
- ❑ Les changements d'habitudes, de tâches, d'interlocuteurs, d'environnement me stressent beaucoup.
- ❑ Je pense qu'extérioriser ses émotions est un signe de faiblesse.
- ❑ J'ai tendance à renoncer rapidement en cas de difficultés ou d'opposition.
- ❑ Je ne suis pas à l'aise avec les gens qui n'ont pas la même couleur de peau que moi.
- ❑ J'ai déjà commencé une psychothérapie et je ne l'ai pas terminée.
- ❑ J'ai du mal à pardonner (une erreur, une faute) ; je suis très rancunier.
- ❑ Je trouve que j'ai un défaut physique (seins trop gros ou trop petits, pénis trop petit, etc.).
- ❑ Je me juge sur ce que je suis capable d'accomplir seul.
- ❑ Je déteste mes propres odeurs de transpiration.
- ❑ Je me dis souvent qu'un jour mon patron va s'apercevoir que je ne suis pas à la hauteur.
- ❑ J'ai toujours réponse à tout.
- ❑ Je ne supporte pas qu'on se moque de moi, même gentiment.

Comment analyser vos résultats ?

Comptez le nombre de cases que vous avez cochées et reportez-vous au profil correspondant.

Plus de 25 cases
Vous avez tendance à vous sous-estimer
Du coup, vous êtes souvent très en retrait de vos réelles possibilités. Vous restez dans votre routine parce que vous surestimez toujours les difficultés, les dangers, les risques, et vous craignez le regard, le jugement des autres. Vous renoncez à des activités, à des projets, parce que vous craignez la nouveauté, les rencontres. Et vous ratez souvent des occasions parce que vous n'avez pas le courage, le réflexe de vous mettre en avant.

Pour vous améliorer
Comme tous les « timides », vous avez besoin de vous re-socialiser pour retrouver de l'assurance. Privilégiez les travaux d'équipe. Au début, vous aurez sans doute un petit peu peur du regard des autres. Mais très vite, vous vous apercevrez que nous apprenons beaucoup en acceptant que les autres nous jugent (gentiment). Vous vous sentirez solidaire, soutenu, porté par le groupe (dans un groupe, les performances individuelles sont améliorées en moyenne de 40 %). Faites plus d'exercice physique aussi. Mettez-vous à des sports mécaniques. Ou inscrivez-vous à un sport de combat soft tel que le judo ou l'aïkido. Cela renforcera votre confiance en vous.

De 10 à 25 cases
Vous avez plutôt une bonne opinion de vous
Vous ne passez pas votre temps à vous mettre en avant. Vous vous intégrez bien dans un groupe, une équipe. Vous obtenez beaucoup en étant attentif, pacifique. Vous n'hésitez pas à rendre service, vous ne vous dérobez pas aux corvées. Mais vous n'en êtes pas pour autant complaisant. Vous êtes capable de faire des concessions quand c'est nécessaire, mais vous avez vos priorités, vos partis pris. Quand vous n'êtes pas

d'accord ou que vous n'avez pas envie, vous le dites (plus ou moins patiemment).

Pour vous améliorer
Vantez vos succès. Il est vrai que la discrétion est une vertu et la vanité, un défaut. Mais une expérience menée par des neurobiologistes de l'université du Wisconsin montre qu'une réalité est d'autant plus appréciée qu'elle est présentée de manière positive. Alors, quand vous êtes formidable (vraiment), faites-le savoir. Obligez-vous à parler de vos succès. N'en faites pas une montagne. Mais ne les diminuez pas non plus. Et la prochaine fois que vous rendez un dossier, ne le présentez pas en disant : « J'ai été moyen sur ce coup-là. » Essayez plutôt : « Je vous défie de trouver mieux ! »

Moins de 10 cases
Vous avez tendance à vous surestimer
En apparence, vous possédez beaucoup d'aplomb, d'audace, de conviction. Vous ne voyez pas l'obstacle. Vous osez où les autres n'osent pas. Vous n'avez pas peur de regarder les gens dans les yeux, de dire tout haut, tout fort, ce que vous pensez, ce que vous voulez. Mais cela ne marche pas tout le temps, avec tout le monde. Vous avez l'avantage en faisant du forcing, de l'épate. Ensuite, vous avez du mal à le garder, vous vous essoufflez. En plus, comme vous vivez en permanence sous pression, vous êtes souvent en état de stress dépassé.

Pour vous améliorer
Désamorcez les rapports de force. Quand on a la grosse tête, on fait forcément des jaloux, des envieux, on provoque des ressentiments et on déclenche souvent des réactions agressives. En même temps, efforcez-vous d'être plus sincère avec les autres et avec vous-même. Ne vous faites pas passer pour quelqu'un que vous n'êtes pas. Vous n'avez pas besoin

d'être exceptionnel, hyper-performant tout le temps pour être apprécié, estimé. Et puis n'ayez pas peur d'avouer vos faiblesses (moderato quand même). Cela vous rend plus sympathique et on vous pardonne plus facilement en cas d'erreur (qui n'en commet pas ?).

10 trucs pour (re)trouver la confiance en soi

Un tiers innée, un tiers conditionnée par l'éducation reçue, un tiers influencée par les expériences (la règle : le succès l'augmente, l'échec la diminue), la confiance en soi est généralement plus facile à décourager qu'à encourager. Mais qui ne tente rien n'a rien ! Voici quelques conseils pour renforcer votre sentiment d'efficacité personnelle.

Soignez votre apparence
Vêtements, coiffure, maquillage... On se sent toujours mieux et plus sûr de soi quand l'image renvoyée par son miroir est satisfaisante. Alors, n'hésitez pas à investir dans le beau et le luxueux.

Marchez plus vite
Vous traînez des pieds, vous avancez à reculons, en crabe... Automatiquement, vous donnez le sentiment d'être une pauvre chose ! Accélérez votre allure de 25 %, vous aurez tout de suite l'impression d'être plus tonique et important.

Tenez-vous bien
Vous courbez le dos, vous baissez la tête, vous fuyez les regards... Vous provoquez chez les autres ce que vous craignez le plus : un jugement négatif. Au contraire, tenez-vous bien droit (dos, épaules, tête), regardez les autres, souriez... Vous vous sentirez plus confiant. Toutes les études montrent

que nos attitudes corporelles ont un effet immédiat sur nos contenus mentaux.

Travaillez votre forme

Comme l'apparence personnelle, la forme physique et morale affecte terriblement la confiance en soi. Fatigué, stressé, déprimé, on se sent encore plus vulnérable, moins sûr de soi. Prenez l'habitude d'entretenir votre forme (alimentation saine, sommeil, gym...), vous gagnerez en confiance, en efficacité.

Montez en première ligne

Vous avez peur d'être jugé défavorablement, alors comme la plupart, à l'école, au bureau ou dans les réunions publiques, vous rasez les murs ou vous disparaissez dans les coins, au fond des pièces... Vous avez tort. Toutes les études montrent que plus on occupe une position en première ligne, en vue, mieux on est perçu et jugé par les autres, aussi bien en termes d'attrait physique que de sociabilité.

Prenez les devants

La fameuse audace des timides. Quand vous attendez qu'on vienne vers vous, qu'on vous parle, vous vous focalisez sur votre timidité. En prenant l'initiative du contact, vous la dépassez. L'astuce : ne jamais oublier que les autres sont souvent aussi anxieux que vous (près d'un Français sur deux reconnaît être timide), voire plus, à l'idée de rencontrer quelqu'un.

Préparez un petit speech

Vous craignez d'être paralysé par le trac, de rester muet, de bafouiller ou de dire des bêtises... Fabriquez-vous une mini-histoire. Écrivez quelques lignes pour aborder les autres, vous présenter et capter leur attention. Répétez-les à voix haute devant votre miroir ou dans votre tête si vous préférez.

Parlez de vos peurs

Quand on essaie de cacher sa peur, on stresse, et les autres le sentent bien. En revanche, en avouant d'entrée de jeu votre manque d'assurance (par exemple : « Vous savez, au début d'une conversation, je suis toujours un peu timide, nerveuse, mais au bout d'un moment ça passe »), vous « désarmez » votre interlocuteur (en général, les timides inspirent la bienveillance). En plus, cela vous relaxe.

Soyez élogieux

Quand on a une mauvaise opinion de soi, souvent on la projette plus ou moins inconsciemment sur les autres (on s'en méfie, on s'en moque, on dit du mal d'eux dans leur dos, etc.). C'est un engrenage de négativité. Faites des compliments, tout change ! En mettant en avant ce qu'il y a de meilleur chez les autres, indirectement vous prenez conscience de ce qu'il y a de meilleur en vous.

Faites passer l'autre en premier

Quand on manque de confiance en soi, on se focalise sur ses propres besoins, on attend beaucoup des autres, on se demande sans cesse ce qu'ils peuvent faire (de bien ou de mal) pour nous. Inversez votre point de vue. Quand on pense aux autres plutôt qu'à soi-même, on s'inquiète moins de ses propres imperfections et on renforce sa confiance en soi.

Chapitre 20

Se faire mousser (mais pas trop)

« Soyez remarquable », dit une récente publicité d'un célèbre constructeur automobile, VolksWagen pour ne pas le nommer. Aujourd'hui, à l'ère de communication, on ne peut plus se contenter d'être et de faire, ni même de réussir : il faut avoir de la visibilité, affirmer sa différence. Bien sûr, c'est toujours mal vu de se flatter (sur le thème « moi, je... »), de fanfaronner (encore plus quand les résultats ne suivent pas) ; il faut rester humble devant les félicitations, il ne s'agit pas de se faire mousser juste pour faire illusion. Mais on ne réussit pas non plus dans sa carrière en se faisant oublier. Se vanter un peu, mettre en avant le « produit » (vous), est utile ! C'est même indispensable par les temps qui courent où les bons communicants (sur leur petite personne) ont d'emblée une longueur d'avance, même quand ils sont par ailleurs particulièrement médiocres.

Savez-vous vous « vendre » ?

Êtes-vous de ces grands modestes incapables de se vendre, de valoriser leurs mérites ? Ou êtes-vous capable de tirer parti de la moindre de vos qualités, du plus petit de vos succès ? Cochez chaque fois dans la série d'affirmations suivantes celle qui vous correspond le plus.

a. Je pense que mes résultats parlent pour moi, mes mérites seront automatiquement reconnus si je fais bien mon travail.
b. Je pense que cela fait aussi partie de mon travail de communiquer sur mes résultats.

a. Quand je n'ai pas très bien traité un dossier, je préfère le dire tout de suite plutôt qu'on m'en fasse le reproche.
b. Je mets en avant les points positifs de mon travail.

a. Si un chasseur de tête me demande quel a été mon rôle dans un projet, je m'en tiens à la stricte vérité.
b. J'exagère toujours un peu ma contribution, mais en restant dans le domaine du crédible.

a. J'ai bien trop à faire pour perdre en plus mon temps à faire des RP sur le Net.
b. Je suis présent sur les réseaux sociaux (Viadeo et Linkedin *a minima*).

a. J'ai du mal à expliquer ce que je fais quand on me demande en quoi consiste mon travail.
b. J'ai un « pitch » de présentation (un résumé clair et précis de mon activité d'une minute) pour les rencontres en « face à face » (petits déjeuners, réunions externes, etc.).

a. Dans une réunion, j'essaie surtout de me faire oublier, de me fondre dans la masse.
b. Je m'arrange pour m'asseoir toujours en face de la personne la plus importante.

a. Dès qu'on sort des considérations liées au travail, je n'ai souvent rien à dire aux autres.
b. J'ai toujours une anecdote nouvelle (piquée sur le Net ou dans un journal) et amusante à raconter.

a. Je joue souvent l'avocat du diable, j'appuie où cela fait mal.
b. Je m'efforce toujours de parler de manière positive ; j'évite toutes les négations : « ne… pas », « non »…

a. Quand j'ai une promotion, je préfère adopter un profil bas pour ne pas faire d'envieux.
b. J'organise un pot pour faire circuler l'information.

a. À part « bonjour, merci », j'ai peu de contacts avec l'assistante de mon patron.
b. J'ai toujours un mot gentil pour elle, je la tiens régulièrement au courant de mes activités.

a. Quand on fait 20 % de mieux, je mets en avant les facteurs objectifs : croissance du marché, de la demande…
b. J'attire plutôt l'attention sur ma contribution personnelle et la performance de mon équipe.

a. Avec toutes ces restructurations, je ne sais plus qui est qui.
b. J'identifie sans peine les personnes clefs.

a. Quand mon équipe remporte un gros succès, j'organise toujours une petite fête entre nous.

b. J'invite les personnes d'autres services pour que l'information se répande plus vite et partout.

a. J'attends les évaluations pour faire le point sur mon activité avec mes supérieurs hiérarchiques.
b. Je fais régulièrement un compte-rendu par écrit de mes progrès.

a. Quand mon patron me reproche un échec, je trouve des justifications, des circonstances atténuantes.
b. Je préfère lui expliquer ce que mon échec m'a appris et en quoi il nous sera profitable.

a. Je trouve qu'il vaut toujours mieux se sous-estimer un peu : ainsi, un éventuel échec sera mieux accepté.
b. Je préfère me vanter toujours un peu, cela m'oblige ensuite à me dépasser.

a. Quand j'ai trop de travail, je préfère tirer la sonnette d'alarme.
b. J'en profite plutôt pour faire remarquer à mon patron (de manière subtile) mon efficacité.

a. Je retrouve toujours les mêmes personnes pour le déjeuner ou autour de la machine à café.
b. Je me mêle autant que possible à des personnes de tous les services.

a. Quand je prends un nouveau poste ou de nouvelles fonctions, je compte sur ma hiérarchie pour informer les organes de la profession.
b. Je préfère faire passer le message moi-même.

a. Je laisse toujours penser que les choses sont plus faciles qu'elles ne le sont pour ne pas être anxiogène.
b. Je dramatise toujours au préalable les problèmes pour mieux « vendre » mes solutions.

Comment analyser vos résultats ?

Comptez votre nombre de réponses *b* et reportez-vous au paragraphe correspondant.

Moins de 9 *b*
Est-ce un caractère trop introverti ? Vous êtes un peu trop replié sur vous-même, vous travaillez plus en solitaire que dans l'échange. Ou une morale un peu trop méritante ? Convaincu (souvent à juste titre) de votre technicité, de vos performances, vous trouvez inutile d'en rajouter, vous ne voulez pas passer pour prétentieux. En tout cas, vous ne faites pas beaucoup d'effort de communication pour vous mettre en valeur. Comment corriger le tir ? Vous ne pouvez pas vous transformer en grand communicant du jour au lendemain, mais vous pouvez au moins faire le minimum. Par exemple, exister dans les réseaux sociaux, rédiger un texte de présentation, créer des liens avec vos collègues (à défaut par mail). Tout cela en faisant un effort de « séduction », car une information passe toujours mieux quand elle est bien présentée.

De 9 à 14 *b*
Vous avez compris que cela va toujours mieux en le disant, qu'à l'ère du marketing vous avez intérêt à vous placer en tête de gondole plutôt que dans les rayons. Mais il faut reconnaître que vos efforts sont souvent limités : imprégné de morale scolaire (si je fais bien, mon prof va le remarquer),

vous avez un peu trop tendance à penser que vos supérieurs hiérarchiques ont le regard vissé sur vous, un peu comme une maman attentive aux performances de son rejeton. Évidemment, ce n'est pas le cas, même s'ils vous soignent un peu plus que les autres parce qu'ils vous considèrent comme un *high flyer*. Alors, reprenez-vous en main et faites-vous un vrai plan de « com » (objectifs, cibles, stratégie de communication, moyens à mettre en œuvre..), comme si vous étiez un produit à forte valeur ajoutée, au lieu de bricoler au jour le jour.

Plus de 14 *b*
Est-ce un don pour la « tchatche » ? Ou alors avez-vous compris toutes les ficelles de la société du spectacle ? En tout cas, vous n'avez pas de difficulté pour faire des montagnes avec des souris et, souvent, en faire trop. Le risque ? Celui de la frime. En exagérant un peu trop vos qualités, vos réalisations, vous nourrissez des attentes excessives. Ensuite si les faits ne correspondent pas, vous provoquez de fortes déceptions (et un retour de bâton). Autre risque : vous survendre et obtenir l'effet contraire : votre assurance passe pour de l'arrogance et, au lieu d'attirer la sympathie, de créer la confiance, vous êtes mal vu par votre entourage professionnel (supérieurs, collègues...). Alors, faites-vous un peu mousser, c'est une clef du succès, mais pas trop.

Chapitre 21

Miser à fond sur l'intuition

Réfléchissez à deux fois avant de choisir votre plat à la cantine... mais ne vous creusez pas trop la tête pour savoir si vous devez accepter le nouveau travail qu'on vous propose ! Vous risqueriez de faire un mauvais choix. C'est la conclusion d'une étude menée par des chercheurs de l'université d'Amsterdam. Ils ont démontré que la réflexion consciente est de moins en moins performante à mesure que les choix deviennent complexes. « Notre esprit conscient a une faible capacité à traiter beaucoup d'informations à la fois, explique Ap Dijksterhuis, responsable de l'étude. Cela entraîne une mauvaise évaluation de l'importance de chaque information. » Au contraire, notre intuition a la capacité de traiter beaucoup plus d'informations simultanément, conduisant à un choix optimal. « Le mieux à faire quand vous êtes face à une décision importante, conseille le chercheur, c'est de réunir toutes les informations nécessaires dans un premier temps. Ensuite, laissez dormir tout ça pendant un petit moment, et fiez-vous à votre instinct. » Bref, mieux vaut prendre les décisions importantes en toute inconscience, ce que les chercheurs appellent la « délibération sans attention ».

Avez-vous un sixième sens ?

Par les temps qui courent, un sixième sens n'est pas de trop. Que vaut votre intuition ? Pouvez-vous lui faire confiance ? Comment mieux l'utiliser ? Cochez chaque fois que vous vous reconnaissez dans les affirmations suivantes.

- ❑ Quand on m'offre un cadeau, je sais souvent ce que c'est (avant d'ouvrir le paquet).
- ❑ Je me blesse rarement (en faisant la cuisine, du sport, du jardinage, etc.).
- ❑ Je suis plutôt bon dans les stratégies et les projets à long terme.
- ❑ Je me laisse facilement convaincre ou séduire par la nouveauté d'une idée.
- ❑ Il m'est souvent arrivé de retrouver des objets (clefs, lunettes, livres...) que les autres avaient perdus.
- ❑ J'ai plutôt tendance à prendre les problèmes ou les difficultés comme des opportunités.
- ❑ Je me trompe rarement sur les gens.
- ❑ Je devine la plupart du temps quand quelqu'un me ment.
- ❑ Quand je commence un nouveau projet, je me sens plutôt « excité ».
- ❑ Je suis très sensible aux odeurs (les bonnes et les mauvaises).
- ❑ Je me souviens souvent de mes rêves (au moins une fois par semaine).
- ❑ Les réunions budgétaires ont souvent tendance à m'ennuyer.

- ❑ Je préfère les formes rondes (ou ovales) aux formes carrées.
- ❑ Je mets rarement la pression sur les autres.
- ❑ Je suis météo-sensible : les changements climatiques affectent mon moral (en bien ou en mal).
- ❑ Je suis plutôt bon pour arbitrer les conflits (trouver des solutions satisfaisantes pour tout le monde).
- ❑ J'ai souvent eu l'occasion de vérifier que « la nuit porte conseil ».
- ❑ Je joue d'un instrument de musique (et/ou je chante).
- ❑ J'aime bien travailler dans l'urgence.
- ❑ Je suis rarement surpris par la tournure des événements.
- ❑ Quand quelqu'un prépare un mauvais coup, je le vois venir de loin.
- ❑ Je pense qu'il est normal de faire des erreurs, c'est ainsi qu'on apprend.
- ❑ J'ai souvent peur de finir par m'ennuyer dans mon travail.
- ❑ Quand j'ai un dossier à défendre, je prépare mon argumentation dans les grandes lignes, pour le reste, je m'adapte.
- ❑ Je supporte assez mal l'autorité (surtout quand elle n'est pas légitime).
- ❑ On m'a souvent reproché de manquer d'objectivité.
- ❑ Je pense que j'ai beaucoup de chance (je suis là au bon moment, je rencontre les bonnes personnes...).
- ❑ Quand je me fixe un objectif, je prévois toujours des scénarii de rechange.
- ❑ Je dois prendre sur moi pour me plier aux règles, supporter la routine.
- ❑ Les changements (nouveau poste, restructuration, etc.) ont plutôt tendance à me stimuler.
- ❑ Quand j'ai le choix entre du neuf aux résultats incertains, mais prometteurs, et du vieux sans surprise, je préfère prendre le risque.

- ❑ Il m'est déjà arrivé qu'un rêve (fait en dormant) se réalise (au moins une fois).
- ❑ Je n'ai pas peur de nager sous l'eau.
- ❑ Dans mes études, j'étais plus doué pour la littérature, la philo ou les langues que pour les maths, la physique ou la bio.
- ❑ Quand je lis un mémo, je retiens tout de suite les points essentiels.
- ❑ Je me souviens plus facilement du visage des gens que de leur nom.
- ❑ J'ai tendance à décrocher quand mes interlocuteurs rentrent trop dans les détails.
- ❑ Je n'ai pas de problème pour gérer les imprévus.
- ❑ Quand on m'expose une situation, je vois tout de suite les enjeux.
- ❑ Je préfère lancer des idées, des projets, qu'assurer le suivi.

Comment analyser vos résultats

Comptez un point chaque fois que vous avez répondu « oui », faites le total et reportez-vous au profil correspondant.

De 0 à 12 points
Vous vous fiez à votre raison (un peu trop)
Ancré dans vos certitudes (souvent des idées un peu toutes faites), vous tenez assez peu compte de vos intuitions. Vous vous en méfiez même la plupart du temps. Vous préférez vous appuyer sur vos expériences passées pour comprendre les autres ou prendre des décisions. Du coup, vous avez souvent tendance à trop rationaliser, même ce qui ne peut pas l'être (vos sentiments et ceux des autres, les réactions épidermiques...). Et plutôt que de suivre vos premières impressions, souvent les bonnes, vous compliquez au lieu

de simplifier. Ce n'est pas grave tant que la question reste technique. Mais cela peut le devenir quand la situation demande un peu plus de sens psychologique ou politique. Alors, apprenez à faire un peu plus confiance à votre intuition.

De 13 à 25 points
Vous restez un pragmatique
Bien sûr, vous avez, comme (presque) tout le monde, des moments de flair, voire de vrais pressentiments à propos des autres ou des situations, mais c'est toujours la raison qui l'emporte en définitive. Deux fois sur trois, vous rejetez ce que vous dicte votre intuition au profit d'une approche prétendument objective des problèmes, des êtres et des événements. Cela fonctionne bien dans les cas concrets, les situations simples, sans ambiguïté, mais dès qu'il est question d'interactions individuelles ou quand vous n'avez pas toutes les données (d'un problème, d'une situation), vous avez tendance à vous tromper. Fiez-vous un peu plus à votre intuition, vous anticiperez mieux (les situations, les personnes, les réactions...).

Plus de 25 points
Vous êtes un instinctif
Pas de doute, votre approche (des problèmes, des gens, des événements...) est d'abord intuitive. Quand vous êtes confronté à un dilemme, les faits vous dictant une chose, votre nez une autre, c'est toujours votre flair qui l'emporte. Vous faites d'abord vos choix, vous prenez vos décisions en fonction de ce que vous ressentez (et parfois en dépit de toute logique). La plupart du temps, vous ne vous trompez pas : vous êtes doué pour anticiper, deviner ce qui s'est passé ou ce qui arrivera (probablement). Mais votre feeling peut vous jouer des tours quand vous avez trop de soucis, de

surmenage ou de stress. Alors ne cédez pas trop vite à vos premières impressions : vérifiez-les (en analysant les faits) avant de vous lancer. Cela vous évitera de faire des erreurs inutiles.

Comment éveiller votre intuition ?

Conciliant de nombreuses qualités différentes souvent insaisissables, comme la réceptivité, l'attention, l'empathie (la faculté de s'identifier à quelqu'un, de sentir ce qu'il ressent), la curiosité, etc., l'intuition ne peut être volontaire. En revanche, on peut l'éveiller. Toutes les techniques de relaxation ou de méditation y contribuent, mais il existe aussi différents moyens que vous pouvez employer quotidiennement pour développer votre intuition.

Se brancher sur son cerveau droit

Le cerveau fonctionne au courant alternatif. L'hémisphère gauche est logique, raisonnable, « pessimiste » par nature ; le droit, intuitif, créatif, « optimiste ». Pour libérer votre intuition, vous devez vous brancher plus souvent sur votre cerveau droit. Comment ? En vous mettant en état d'autohypnose. Pour cela, fixez votre attention sur un objet ou une surface de couleur claire et comptez très lentement jusqu'à vingt. Arrivé à vingt, fermez les yeux et visualisez mentalement pendant dix minutes l'objet ou la surface que vous regardiez, en vous disant qu'il vous est impossible durant tout ce temps d'ouvrir les yeux. Au bout de dix minutes, ouvrez les yeux.

Couper le son

Robert Rosenthal, un psychologue d'Harvard, a montré que notre intuition est liée à notre capacité de « lire » les signaux émotionnels. Il passe un film sans paroles où une jeune femme exprime divers sentiments, la colère, l'amour, la jalousie, la gratitude, la séduction. Parfois, on ne voit que son visage, parfois ses yeux sont cachés ; on doit identifier ses émotions en fonction de signes subtils. Les adultes et les enfants qui obtiennent les meilleurs scores à ce test sont aussi ceux qui réussissent mieux dans leur travail et leurs études, même avec un quotient intellectuel assez moyen. Vous pouvez en faire autant en regardant la télé, les infos ou des films, sans le son. Au début, vous êtes perdu, vous ne comprenez pas ce qui se passe, vous n'arrivez plus à suivre. Mais au bout de quelques heures, vous devenez hypersensible aux signaux subtils des corps et vous avez une meilleure intuition des autres et des situations.

Couper l'image

Trop de soucis, de surmenage, de stress : notre cerveau se met automatiquement en position de sous- ou de suractivité. La machine s'enraye (vous déprimez, tournez en rond) ou s'emballe (vous angoissez, vous paniquez). Pour clarifier votre espace mental et laisser libre cours à votre intuition, vous devez apprendre à « stopper le monde ». La bonne technique pour y parvenir : fermez les yeux pendant quelques secondes ou quelques minutes de temps en temps. En « coupant l'image », vous allégez la pression extérieure sur votre cerveau émotionnel et vous donnez le temps à votre intuition de « travailler ».

Ouvrir son plexus

Dans la vie, il y a aussi des murs : des êtres, des situations, des moments difficiles. Dans ce cas, pour rester réceptif (et intuitif), il faut garder son calme. La bonne technique (pratiquée par les acteurs professionnels, les sportifs de haut niveau ou les démineurs) : ouvrez votre plexus (à la jonction des côtes, en bas de votre cage thoracique) en basculant les épaules en arrière et en poussant avec votre ventre. Respirez profondément et gardez l'air pendant deux secondes. Puis soufflez complètement et attendez deux secondes avant d'inspirer à nouveau. Autre truc : décrochez-vous la mâchoire pendant quelques secondes de temps en temps. Cela fait jouer des muscles qui massent vos nerfs crâniens et réduit la tension.

Ne pas tomber dans le sommeil

L'entrée dans le sommeil est toujours précédée d'une phase d'endormissement dont la plupart du temps nous n'avons pas conscience, ou alors que très brièvement (quelques secondes). Pendant cette phase, notre mental est en roue libre et produit des images comparables à celles des rêves. Cet état-là est propice au développement de l'intuition. Comment en profiter ? En le repérant et en le faisant durer le plus longtemps possible (idéalement, une dizaine de minutes). Les premières fois, vous vous endormirez sans doute un peu trop vite. Mais, après quelques essais, vous y arriverez sans peine.

CHAPITRE 22

ATTRAPER LA CHANCE

À un jeune journaliste qui plaidait la malchance pour avoir raté un reportage, Pierre Desgraupes, grand patron de la télévision française de l'époque, rétorqua : « Dans certains métiers, en particulier le nôtre, le journalisme, le manque de chance est une faute professionnelle. » Boutade ? Pas vraiment. Ce qui fait la différence entre les « bons » et les « très bons », le ronronnement et le succès, c'est justement la chance. « Pour les chanceux, le coq lui-même pond », dit d'ailleurs un proverbe grec. Vous pouvez avoir du talent (50 %), travailler dur (50 %), mais si vous n'avez pas de chance (au moins 50 %), si vous ne savez pas la voir (combien de fois vous êtes-vous dit cette année « zut, j'ai raté le coche » ?), l'attraper, la provoquer, vous ne grimperez pas très haut dans votre emploi, vous ne réussirez pas bien loin dans la vie.

Savez-vous saisir la chance ?

À quoi tient la chance ? Certains ne manquent pas d'atouts (beauté, charisme, intelligence, etc.) et les gâchent. D'autres en ont peu et sont plébiscités. Êtes-vous de ceux qui réussissent tout ce qu'ils touchent ou de ceux qui sabotent inconsciemment tout ? Faites-vous partie des aimés des dieux ? Avez-vous les bons réflexes chance ? Cochez dans chaque partie la bonne proposition pour vous.

Partie 1

1/ a. J'ai souvent eu un « trou noir » à un moment crucial (bac, permis de conduire, entretien d'embauche, etc.), alors que j'étais très bien préparé.
b. Je suis plutôt performant les jours J même si je me suis moyennement préparé.

2/ a. J'ai toujours beaucoup de mal à me débarrasser des bavards au téléphone.
b. Je trouve toujours un bon prétexte pour expédier les enquiquineurs.

3/ a. Mes enfants me posent presque tous les week-ends la question (angoissante) : « On fait quoi ? »
b. Je sais ce que mes enfants vont faire le week-end prochain ; j'ai déjà tout organisé.

4/ a. À la maison comme au bureau, je me contente du statu quo quand un changement demande trop d'efforts.
b. Je ne recule pas devant l'effort quand je pense que cela peut améliorer les choses.

5/ a. J'ai toujours le plus grand mal à me décider quand je dois m'habiller pour une soirée.
b. Je sais toujours quels vêtements porter en toutes circonstances.

6/ a. Il m'arrive souvent d'acheter un objet qui ne me fait pas vraiment plaisir (pressé par le vendeur, un ami, ma sœur...).
6/ b. Je repars sans rien quand je ne trouve pas dans les boutiques ce que je cherche ou je veux.

7/ a. En général, j'ai du mal à obtenir ce qui me tient à cœur.
b. Je m'arrange presque toujours pour arriver à mes fins.
8/ a. En vacances, je peux passer des heures sur la plage à ne rien faire.
b. Je m'ennuie vite si je n'ai rien à faire.

9/ a. Quand j'ai quelque chose d'embêtant ou de pénible à faire (téléphoner aux impôts, me faire arracher une dent, annoncer une mauvaise nouvelle...), j'ai tendance à oublier.
b. Quand j'ai quelque chose de désagréable à faire, je m'en débarrasse le plus vite possible pour avoir l'esprit tranquille.

10/ a. Je me demande souvent, avec une petite pointe d'inquiétude, il faut bien l'avouer, ce que l'avenir me réserve.
b. J'ai un projet de vie pour les quatre-cinq ans à venir, voire plus, et je suis plutôt confiant.

Partie 2

1/ a. Si mon crémier se trompe en me rendant la monnaie, je ne peux pas m'empêcher de penser qu'il l'a peut-être fait exprès.
b. Je ne vérifie presque jamais ma monnaie chez les commerçants, l'addition au restaurant.

2/ a. J'ai du mal à me confier, même auprès des personnes que je connais bien, voire intimement.
b. Je parle assez spontanément de moi aux autres, même si je ne suis pas très lié avec eux.

3/ a. Je suis assez superstitieux (je touche du bois, je fais des détours pour ne pas passer sous les échelles...).
b. Je touche parfois du bois, mais je ne suis pas particulièrement superstitieux.

4/ a. J'ai déjà fait les poches de mon conjoint, fouillé dans son agenda, ses relevés de compte, ses courriels.
b. J'ai rarement douté de la fidélité de mon partenaire, ou alors pas longtemps.

5/ a. Dans une foule (métro, grands magasins...), je me sens souvent mal à l'aise au bout d'un moment.
b. Je n'aime pas particulièrement les bains de foule, mais la plupart du temps cela ne me dérange pas.

6/ a. Je pense que j'ai dû me battre (contre le monde, le mauvais sort, etc.) pour obtenir tout ce que j'ai aujourd'hui.
b. Je pense que mes succès (dans la vie en général) doivent beaucoup à la chance : j'étais là au bon moment, j'ai rencontré la bonne personne...

7/ a. Je me demande souvent si la gardienne ne fait pas exprès de sortir les poubelles très tôt le matin pour m'ennuyer.
   b. Quand mes voisins sont trop bruyants, je soupçonne seulement un manque d'éducation ou de savoir-vivre.

8/ a. Quand quelqu'un me regarde fixement, je pense que j'ai quelque chose qui ne va pas (sur mon visage, dans ma tenue...).
   b. Quand quelqu'un me regarde fixement, je pense que je lui plais ou que je l'intéresse.

9/ a. Je pense que la plupart de mes ami(e)s pourraient très bien séduire mon conjoint si je leur en laissais l'occasion.
   b. Mes ami(e)s ne feraient jamais une chose pareille.

10/ a. J'ai du mal à avouer que quelque chose (compliment, sortie, cadeau, câlin...) me fait plaisir.
   b. Quand on me fait plaisir, je manifeste ma satisfaction sans ambiguïté.

Comment déterminer votre profil de succès ?

Comptez votre nombre de A et B dans chaque colonne et reportez-vous au tableau suivant :

Partie 1

Majorité de A	Majorité de B
Passif-méfiant	Actif-méfiant

Partie 2

Majorité de A	Majorité de B
Passif-confiant	Actif-confiant

Vous êtes « passif-méfiant »
Coefficient de chance : 20 %
Seriez-vous né sous une mauvaise étoile ? Le sort s'acharnerait-il sur vous ? Est-ce un manque de foi : incurablement terre-à-terre, vous espérez peu (et vous n'obtenez pas grand-chose) ? Ou de vigilance : vous êtes tellement occupé à défendre vos acquis que vous ne voyez pas la chance quand elle passe ? Un excès de complexes : vous ne croyez pas vraiment à votre réussite personnelle ou sociale ? Ou de vigilance : vous êtes tellement occupé à vous protéger de la malchance que vous ne voyez pas la chance quand elle passe ? Ou bien est-ce de la paresse : vous ne faites pas ce qu'il faudrait faire (pour courir votre chance, mettre toutes les chances de votre côté), vous manquez de réflexes ? Ou encore une conduite d'échec : vous ne faites pas ce qui est bien pour vous et vous gâchez sans le faire exprès tout ce qui pourrait vous arriver de bien ? En tout cas, la chance vous passe souvent sous le nez et la réussite n'est pas souvent au rendez-vous.

La bonne attitude
Pour renouer avec la chance, être dans une dynamique de succès, vous devez absolument vous remettre en question. La réussite (comme l'amour) a besoin de foi. Aucun changement n'est possible si vous n'y croyez pas davantage, si vous ne devenez pas plus proactif au lieu de vous contenter de réagir aux événements. Alors, oubliez vos problèmes, vos habitudes, vos complexes ou vos sentiments d'infériorité, et remontez à la fois vos manches et votre moral.

Vous êtes « actif-méfiant »
Coefficient de chance : 60 %
Bien sûr la chance passe pour vous (comme pour tout le monde). Bien sûr, vous la saisissez (à peu près une fois sur deux). Mais vous ratez souvent le coche ou la bonne aubaine

parce que vous n'avez pas assez confiance en vous (« C'est trop beau pour être vrai », « J'ai peur de ne pas y arriver », etc.) ou dans les autres (vous avez peur de vous tromper, de vous faire avoir). Dommage parce que dans l'ensemble vous faites plutôt ce qu'il faut pour réussir (vous ne rechignez pas à la tâche, vous êtes plutôt entreprenant), vous avez de l'énergie, de la volonté, et vous récupérez plutôt vite après un effort, un échec ou un chagrin.

La bonne attitude
Si vous voulez faire mieux, vous devez apprendre à oser et à y croire vraiment. La chance, tout comme le bonheur, l'amour, a besoin d'espoir et, surtout, d'optimisme. Alors, chaque fois que les choses ne se passent pas exactement comme prévu, adaptez-vous dans la bonne humeur. Ne vous arrêtez pas sur un prétendu « problème ». Restez positif pour avancer, par exemple demandez-vous si ce n'est pas justement une bonne occasion.

Vous êtes « passif-confiant »
Coefficient de chance : 50 %
Du succès, vous en avez (au moins autant que la plupart des gens). Vous savez attraper votre chance quand elle passe (presque une fois sur deux). Toutefois, il faut l'admettre, le résultat est dans l'ensemble moyen, pour ne pas dire médiocre. Qu'est-ce qui vous manque pour être un peu plus aimé des dieux et avoir un meilleur taux de réussite dans votre vie ou vos activités ? Sans doute un peu plus d'enthousiasme et d'esprit d'initiative. Trop souvent, vous vous contentez d'attendre que cela tombe (les cailles toutes rôties dans le bec) au lieu de mettre la main à la pâte (ou dans le cambouis quand il faut). Vous avez une vision beaucoup trop magique de la vie (la chance s'attrape avec des porte-bonheur), trop providentielle (il suffit de bien faire ses prières le soir) ou

trop méritante (il suffit de bien faire son travail pour être récompensé).

La bonne attitude
Être beaucoup moins narcissique : vous ne pouvez pas avoir des succès exceptionnels (le pouvoir, l'éclat, la beauté, l'amour idéal...) sans rien faire pour les obtenir, simplement parce que c'est vous et que quelqu'un finira bien par vous dénicher. Et prendre plus d'initiative. Soyez plus entreprenant (comme disait la publicité : 100 % des gagnants ont joué), moins naïf. La chance ne se présente pas seulement pour vous, alors montrez-vous plus offensif pour lutter (et l'emporter) sur la concurrence.

Vous êtes « actif-confiant »
Coefficient de chance : 90 %
Trois bonnes fées se sont-elles penchées sur votre berceau ? Vous avez une chance exceptionnelle, qui multiplie les occasions (les plats repassent souvent quand vous les avez ratés une première fois). Ou est-ce simplement un sens aigu des opportunités (un bon coup d'œil et des réflexes aiguisés) ? En tout cas, vous avez l'art d'être au bon endroit au bon moment (et avec les bonnes personnes). Vous savez attraper la chance quand elle passe et la provoquer quand elle se fait un peu trop attendre. Pas de doute, vous êtes ultra-doué pour le succès. Bien sûr, comme tout le monde, vous connaissez des revers. Mais rien ne vous abat jamais très longtemps. Vous récupérez plutôt vite après une déception, un échec ou un chagrin.

La bonne attitude
Continuez à vous montrer résolument optimiste : en considérant tous les problèmes comme des opportunités, sans douter de vous (« Si..., peut-être que ça ne serait pas

arrivé »), sans chercher des coupables (« Pourquoi me faire ça à moi ? ») ou vous apitoyer sur votre sort (« Je ne méritais vraiment pas ça »), vous multipliez encore vos chances de réussite.

CHAPITRE 23

SE DONNER LES MOYENS

Peut-on apprendre à réussir ? Si c'était aussi simple, tout le monde serait gagnant, donc rien n'est moins certain. Mais vous pouvez quand même mettre toutes les chances de votre côté en respectant un certain nombre de principes élémentaires.

Objectifs, méthode, gestion du temps, gestion des autres, ordre... Au-delà des pures compétences, ces paramètres font souvent toute la différence entre celui qui va réussir et celui qui va rater. Quand nous sommes trop désordonnés, non seulement nos performances chutent, mais notre stress augmente : cela peut être une pente fatale.

Êtes-vous plus ou moins bien organisé ?

Comment prévenir d'éventuelles dérives, corriger le tir si nécessaire ? Relevez chaque affirmation dans laquelle vous vous reconnaissez.

- Δ Je suis très compétitif, je supporte mal de faire moins bien que d'autres.
- ❍ Quand je regarde ce que j'ai fait jusqu'à présent, je suis plutôt satisfait de moi-même.
- Δ J'ai l'habitude de prendre des notes (idées, noms, numéro de téléphone, etc.) sur le premier bout de papier qui me tombe sous la main.
- ❑ Je rapporte souvent du travail le soir à la maison ou le week-end.
- ● Rivalités, jalousies professionnelles, guéguerre de « petits chefs »... je prends toujours parti dans les petits conflits internes.
- ❑ Je pense qu'avec le temps la plupart des choses s'arrangent.
- ❍ J'ai tendance à être obsédé par mes défauts et je m'efforce de les corriger.
- Δ Je veux tout faire très bien, ou alors je préfère ne rien faire du tout.
- ■ Je range seulement quand j'ai le temps (pas souvent, pas régulièrement).
- ❍ J'ai souvent du mal à concilier vie professionnelle et vie privée.
- ● Quand mon patron me confie un nouveau dossier, je ne lui dis jamais « non », même si je suis déjà très « chargé ».
- ■ J'ai tendance à enfouir dans les tiroirs ou les placards tout ce qui me gêne (factures, courriers, dossiers épineux...).
- ● Je préfère ne pas demander de l'aide si cela peut être perçu comme une lacune ou une faiblesse.
- ■ Je « perds » souvent mes affaires (Palm, stylo, clefs, lunettes, dossier...).
- Δ Je travaille souvent sur plusieurs dossiers en même temps.
- ❑ Je ne confirme jamais les rendez-vous que je donne.
- ● Je vais souvent voir mon patron pour lui donner une information ou lui demander une précision.

■ Je n'ai pas fait de sauvegarde informatique depuis plus d'un mois.

Δ Je ne ferme pas ma porte et je ne demande pas qu'on ne me dérange pas, avant de commencer un entretien ou une réunion.

● Cela fait plus d'un mois que je n'ai pas rassemblé toute mon équipe autour d'un pot, dans une ambiance détendue.

❑ Je n'ai pas désactivé la fonction double appel sur mon portable.

■ Quand mon assistante n'est pas là, je ne retrouve plus rien.

❑ Je trouve souvent qu'il est plus rapide de faire les choses soi-même que de prendre le temps de les expliquer.

● Je m'adresse de la même façon aux hommes et aux femmes qui travaillent avec moi.

■ Courriers, dossier, documentation, factures... je me demande souvent où sont mes affaires.

● Je recherche systématiquement le consensus dans mon équipe.

○ On m'a souvent reproché d'avoir des objectifs irréalistes.

Δ Quand j'ouvre un dossier, je ne sais jamais quand j'aurai terminé.

❑ J'interromps souvent mon travail pour répondre aux mails que je reçois.

○ Quand je me projette dans deux-trois ans, je n'ai pas d'idée précise de ce que je ferai.

Δ Mon agenda me sert surtout à noter mes rendez-vous.

❑ Je ne fixe jamais de durée quand j'organise une réunion.

■ Je n'ai pas de double pour mes documents papier importants.

○ Je ne fais que travailler, je n'ai pas ou presque pas de vie à côté.

- △ J'ai souvent du mal à finir les choses dans les délais impartis.
- ○ Je pense souvent que je n'ai pas vraiment le choix.
- ● Je n'ai pas interdit la touche « Replay at all » à mes collaborateurs.
- ❑ Je suis souvent obligé d'annuler mes rendez-vous.
- ■ Vieux magazines, catalogues, prospectus, agendas de plus de deux ans… je préfère ne rien jeter.
- ○ J'agis souvent en fonction des opportunités, des problèmes.

Comment analyser vos résultats ?

Comptez le nombre de carrés que vous avez cochés, multipliez par 5 et divisez par 10 : vous obtenez une note d'organisation (comprise entre 0 et 20). Reportez-vous ensuite au paragraphe correspondant.

Moins de 11,5/20
Vous êtes plutôt bien organisé
Pas de doute, les rouages sont bien huilés, de telle manière que vous pouvez être performant, même quand tout va très vite dans votre travail. Cela dit, dans la vie, surviennent parfois des événements qui dérèglent les systèmes les mieux rodés. Quel genre de problèmes pourriez-vous rencontrer en cas de dérapage ? Comptez les symboles que vous avez récoltés et reportez-vous au profil dominant.

11,5/20 et plus
Vous êtes plutôt mal organisé
Vous vous y prenez de telle sorte (« assez mal » si vous êtes plus proche des 11,5, « très mal », si vous avoisinez les 20) que votre travail (et votre carrière) en souffre. Ce manque

d'organisation n'est pas grave quand les affaires ronronnent, mais il peut devenir problématique quand elles s'accélèrent. Comment corriger le tir ? Comptez vos symboles (couleur) et reportez-vous au profil correspondant.

Plus de ○
Définissez mieux vos objectifs
Vous devez mieux définir ce que vous voulez : faire une carrière, gagner de l'argent, vous épanouir dans votre travail, être utile aux autres, etc., et hiérarchiser vos priorités au lieu de faire des choix contradictoires.

Plus de △
Montrez-vous plus méthodique
Faites les choses en temps et en heure (vous avez parfois une fâcheuse tendance à remettre les corvées au lendemain) et ne vous dispersez pas sous prétexte d'enthousiasme.

Plus de ❑
Gérez mieux votre temps
Quand on vit dans l'éternel présent, on est vite débordé par les événements. Alors apprenez à planifier (faire un plan de travail quotidien, prévoir dès la veille pour le lendemain, dès cette semaine pour la prochaine, etc.) et respectez les échéances pour ne pas perdre de temps.

Plus de ●
Fluidifiez vos rapports avec les autres
Renvoyez chacun à ses responsabilités (au lieu de chercher à prouver que vous êtes le meilleur). Et montrez-vous aussi un peu plus attentif aux autres : souvent vous n'avez pas assez d'empathie.

Plus de ■
Mettez plus d'ordre
Sans pour autant devenir un maniaque de l'ordre, vous devez être plus organisé. Rangez toujours vos affaires au même endroit, apprenez à jeter et faites le ménage régulièrement dans vos papiers et votre ordinateur.

Les 5 grandes clefs du succès

1. Identifier ses priorités

Imaginez qu'il ne vous reste qu'un an à vivre. Qu'est-ce que vous feriez ? À quoi consacreriez-vous votre temps ? Et si vous n'aviez que six mois devant vous, une semaine... quelles seraient vos priorités ? S'il vous est difficile de répondre, c'est que vous ne savez pas encore vraiment ce qui est important pour vous. Vous devez donc définir ce qui est essentiel pour vous.

Les bons réflexes

- **Bien se connaître**

Fondamental pour ne pas courir après des illusions : définir ses réels besoins affectifs (d'amour, de socialité) et matériels et se fixer des objectifs en conséquence. Vous n'avez pas besoin de perdre votre temps à construire un couple si vous n'êtes pas fait pour la vie à deux. Ou il est inutile de ramer comme un galérien pour un bol de caviar si un bol de riz vous suffit.

- **Savoir ce qu'on veut**

Idéalement, qu'est-ce qui compte d'abord pour vous ? Faire carrière ? Fortune ? Vous épanouir dans votre profession ? Vous sentir utile ? Être reconnu par les autres ? Trouver la sécurité ? Fonder une famille ? Autre chose ?

Hiérarchisez vos priorités en conséquence (sans faire de choix contradictoires).

• **Savoir de quoi on est capable**

Et faire des choix réalistes en conséquence. Comme tout le monde vous n'êtes pas parfait. Vous avez vos défauts. Acceptez-les. Vous n'êtes pas très ambitieux (sportif, high-tech...), ne vous forcez pas à le devenir. Exploitez efficacement vos vrais talents, au lieu de vous inquiéter de vos points faibles et de perdre un temps précieux à vous « réparer ».

2. Décider en temps et en heure

« Désolé, le poste est déjà pourvu (l'appartement déjà loué, Julie déjà prise...). » Voilà ce qui arrive souvent quand on met trois jours à se décider. À l'inverse, on échoue aussi parfois en décidant trop vite : par exemple, en achetant un Paris - New York à 800 euros dans une agence de voyage alors qu'on trouve le même sur Internet à 450 euros.

Les bons réflexes

• **Ne pas remettre au lendemain**

Donner un coup de fil important, avoir une discussion de fond (avec son patron, son conjoint...), etc. Tous les jours, vous avez des décisions à prendre qui engagent peu ou prou votre avenir. Dans ce cas, vous faites automatiquement (comme tout le monde, plus ou moins) de la procrastination (tendance à remettre au lendemain). Votre argument : « J'attends le bon moment. » Parfait. Mais le bon moment dépend de vous, pas des autres. C'est vous qui devez le créer. Alors, plus d'hésitation. *Just do it.*

• **Faire une seule chose à la fois**

Caractéristique aussi des grands indécis et, surtout, de ceux qui décident trop rapidement (les uns et les autres étant de gros gaspilleurs de temps) : attaquer mille choses à la fois et ne rien mener à terme. Alors, arrêtez de vous disperser. Efforcez-vous de séquencer vos activités : une chose, un dossier, un problème, une aventure, à la fois.

• **Lutter contre le perfectionnisme**

Symptomatique aussi de l'indécision, la tendance à vouloir trop bien faire ou, pour les décideurs rapides, à vouloir en faire trop. Résultat : rien n'est jamais fini ou le travail est bâclé, d'où une grosse perte de temps (des travaux interminables ou à recommencer). Comment l'éviter ? D'abord, en vous imposant des dates limites et des quotas : tant de temps pour faire ceci ou cela. Ne vous noyez pas dans les détails (vous perdez de vue votre but principal). Ensuite, en vous contentant de faire bien les choses. C'est déjà beaucoup.

3. Anticiper

Un rendez-vous très important : il ne vous faudra pas plus de vingt minutes en voiture... En arrivant, vous vous rappelez trop tard que, dans ce quartier-là, il est impossible de se garer, et vous tournez pendant trois heures pour trouver une place. Ne pas perdre de temps, en gagner, c'est devancer les événements. Alors, ne vous contentez pas de vivre dans l'éternel présent : prévoyez.

Les bons réflexes

• **Planifier**

Faites-vous un plan de travail quotidien : listez vos obligations (travail, courses, démarches administratives, rendez-vous pour les enfants, etc.). Prévoyez, dès la veille, votre programme du lendemain soir, dès mardi, celui du week-end, dès février, vos vacances d'été. Et planifiez autant que possible le temps libre de vos enfants afin de ne pas vous retrouver chaque semaine confronté à la question angoissante : « On fait quoi ? »

• **Garder du temps**

Ne « bourrez » pas vos journées. La vie offre des imprévus (contretemps, problèmes de transports, clients qui débarquent à l'improviste, rencontre sexy). La bonne équation : 25 % de temps libre pour faire face aux problèmes ou profiter des plaisirs inattendus.

• **Respecter les échéances**

Travaux à remettre, factures à régler, entretien voiture (ou photocopieuse), visites de contrôle (médecin, dentiste, etc.)... Dans la vie, il y a aussi des échéances. Chaque fois que vous dépassez les délais, vous vous créez des ennuis. Ce qui vous demande cinq minutes aujourd'hui vous prendra demain trois heures.

• **Régler les problèmes**

Le faire dès qu'on les voit se profiler (au bureau ou à la maison), au lieu de faire l'autruche, pour éviter de se retrouver dans des situations pénibles ou inextricables. Et avoir en permanence des stratégies de rechange pour s'adapter quand les choses ne se passent pas exactement comme on l'a prévu.

4. Savoir dire non

« Chéri, ça t'ennuie pas qu'on fasse un saut samedi après le déj' chez Ikea ? » Vous pensez aux embouteillages, vous jugez que ce serait mieux le matin, mais vous dites « oui » pour faire plaisir. Résultat : tout un après-midi gâché. L'aptitude à dire « non » quand on pense « non » est sans doute la qualité la plus essentielle pour une gestion efficace du temps.

Les bons réflexes

• **Se méfier des « il faut »**

La première personne à qui vous devez apprendre à dire non, c'est vous. Ne vous créez pas de fausses obligations (tout le monde a cette tendance parce qu'on veut bien faire, qu'on se sent redevable, etc.). Chaque fois que vous pensez « il faut que je fasse ceci, cela... », inversez : « Est-ce que j'en ai vraiment envie... », « Cela changerait quoi au fond si je ne le faisais pas ? » Ensuite, faites ce qui est nécessaire ou vous fait plaisir, mais rien de plus.

• **Fermer sa « porte »**

La politique de la porte ouverte (il faut être disponible, joignable, à tout instant) a fait son temps. Pour travailler efficacement, être tranquille chez vous, déconnectez-vous (téléphones, mails...) et enfermez-vous. Et apprenez aux autres (patron, collaborateurs, partenaire, enfants...) à respecter votre temps de travail ou de loisir.

• **Ne pas avoir peur**

De dire non (à son conjoint, ses enfants, son patron, sa famille, ses amis...), en expliquant pourquoi, afin de préserver son autonomie et son efficacité. Ou bien de s'esquiver et de renvoyer chacun à ses responsabilités (au lieu de chercher à se rendre indispensable).

5. Être organisé

Un taxi vous attend en bas, vous devez partir, sinon vous allez rater votre avion... Tout d'un coup, c'est la panique : vous ne trouvez plus vos clefs. De tous les temps perdus, celui passé à chercher ce qu'on ne trouve pas est sans doute le plus perdu et le plus stressant. Comment le réduire au minimum ? En organisant au mieux les lieux, les objets et les personnes.

Les bons réflexes

• **Lutter contre le désordre**

Rangez toujours les mêmes choses (clefs, mobile, lunettes, dossiers, livres, etc.) à la même place. Et remettez-les à leur place quand vous avez fini de les utiliser pour éviter de perdre du temps à chercher.

• **Apprendre à ranger**

Jamais plus d'un dossier à la fois sur votre bureau (la règle : « Une table, une tâche ») : celui sur lequel vous travaillez. Les autres sont pendant ce temps à leur place (tout ce qui concerne un même sujet au même endroit). Et rangez vos affaires en fonction de leur fréquence d'utilisation. Gardez près de vous ce qui vous sert souvent (réservez un tiroir de votre bureau au petit matériel par exemple). Et classez tout de suite (n'enfouissez pas vos documents dans les tiroirs ou les placards).

• **Faire le ménage dans son PC ou son Mac**

Votre ordinateur est conçu comme un bureau électronique. Un dossier mal nommé, un fichier mal rangé, ce sont de précieuses minutes perdues. Alors, prenez de bonnes habitudes : un dossier par domaine, des sous-dossiers (dans chaque dossier) par activité, un fichier par tâche, toutes les mêmes tâches regroupées dans un seul dossier... Et faites le ménage régulièrement : sauvegardez les dossiers qui doivent être archivés sur un support externe et envoyez ceux qui sont inutiles dans la poubelle.

• **Faire place nette**

Jetez-vous les vieux magazines, catalogues, prospectus, vos agendas de plus de deux ans, vos tee-shirts troués, les stylos cassés... Non ? Qu'est-ce que vous attendez !

Celui qui va rater

A contrario, il est beaucoup plus facile de tout rater, même des choses simples, de ne réussir qu'à moitié, ou alors jamais durablement. On ne naît pas « loser », mais on peut le devenir et, parfois, très insidieusement.

Objectifs, méthode, gestion du temps, des autres, organisation, celui qui va rater a toujours tout faux. La preuve…

Objectifs

- Se fixe des objectifs irréalistes (veut devenir la Nouvelle Star alors qu'il a une voix de crécelle, faire une carrière scientifique alors qu'il est nul en maths).
- Ne se fixe pas d'objectif (agit en fonction des opportunités), d'étapes pour les atteindre (veut tout, tout de suite).
- Fait des choix contradictoires (par exemple, veut avoir beaucoup de responsabilités professionnelles et en même temps beaucoup de temps libre).
- Est obsédé par ses manques (s'inquiète de ce qui ne va pas chez lui et fait beaucoup d'efforts pour des résultats médiocres).

Méthode

- Fait de la procrastination : remet systématiquement au lendemain (particulièrement les corvées).
- Se disperse (par enthousiasme ou manque de méthode) : attaque mille choses à la fois et n'en finit aucune.
- Cherche à trop bien faire ou à en faire trop, du coup ne finit jamais rien ou alors bâcle, d'où une grosse perte de temps (travaux interminables ou à recommencer).
- Se noie dans les détails, en privilégiant les moyens (règles) au détriment des fins (résultats).

Gestion du temps

- Ne planifie rien (vit dans l'éternel présent), donc est rapidement débordé par les événements.
- « Bourre » ses journées, donc est toujours désorganisé par les imprévus (agréables ou désagréables).

- ❑ Ne respecte pas les échéances, donc se crée des problèmes. Ce qui lui demande cinq minutes aujourd'hui lui prendra demain des heures (voire des jours).
- ❑ Fait l'autruche en se disant qu'avec le temps les petits problèmes ou les conflits vont s'arranger. Neuf fois sur dix, immanquablement, les choses s'aggravent, et ce qui aurait pu être réglé en dix minutes lui prend ensuite trois jours (ou est devenu insoluble).
- ❑ Reste bloqué en cas de contretemps, d'incident de parcours, au lieu d'avoir une stratégie de rechange, un plan B.

Gestion des autres

- ❑ Ne sait pas dire non. Fait le travail des autres (à la maison, au bureau), accepte des déjeuners, des dîners, des sorties qui ne lui font pas vraiment envie, plaisir.
- ❑ Ne sait pas s'isoler. Est toujours dérangé quand il travaille ou s'amuse, se laisse facilement déconcentrer, distraire par les autres.
- ❑ Fait du zèle pour se faire bien voir : par exemple, accepte du travail en plus alors qu'il est déjà débordé, au lieu d'expliquer à son patron pourquoi ce n'est pas possible.
- ❑ Se laisse systématiquement « refiler le bébé » par ses collègues de travail, ses amis, etc., parce qu'il cherche à prouver qu'il est plus ceci ou plus cela (gentil, compétent, etc.).

Organisation

- ❑ N'a aucun ordre. Ne sait jamais où sont les choses dont il a besoin, perd un temps fou à les chercher (souvent en catastrophe, ce qui augmente son stress).
- ❑ Ne sait pas organiser son bureau, sa table de travail : « enfouit » ses affaires dans les tiroirs, les placards au lieu de les classer.

- ❑ Ne sait pas jeter. Accumule (vieux dossiers, magazines, catalogues, agendas…), ce qui complique toujours les recherches.
- ❑ Ne fait pas le ménage régulièrement dans son ordinateur : perd des dossiers, des fichiers ou passe un temps fou à les retrouver.

Chapitre 24

« Think different ! »

Think different (Pensez différent) : cette célèbre exhortation publicitaire, lancée par Apple en 1997, est encore plus d'actualité. Aujourd'hui, où tout est plus complexe, évolue à toute allure, prendre l'initiative du changement, du progrès, de l'innovation, c'est essentiel pour s'adapter, réussir. La capacité à développer une approche nouvelle et différente pour la résolution d'un problème est capitale. La créativité est devenue une qualité à valeur ajoutée pour tout type de rôle ou de fonction même le plus technique.

Rappelez-vous la voix-off de la campagne Apple...

« Les fous,
les marginaux, les rebelles,
les anticonformistes, les dissidents...
Tous ceux qui voient les choses différemment,
qui ne respectent pas les règles.
Vous pouvez les admirer,

ou les désapprouver,
les glorifier,
ou les dénigrer.
Mais vous ne pouvez pas les ignorer.
Car ils changent les choses.
Ils inventent, ils imaginent, ils explorent.
Ils créent, ils inspirent.
Ils font avancer l'humanité.
Là où certains ne voient que folie,
nous voyons du génie.
Car seuls ceux qui sont assez fous pour penser qu'ils peuvent changer le monde, y parviennent. »

Avez-vous un esprit novateur ?

Créer, initier le changement, innover en matière d'idées, de produits, de méthodes ou de procédés, cela suppose d'être capable de s'affranchir des cadres établis, des routines intellectuelles et techniques, et souvent d'aller même à contre-courant de la pensée unique ou du politiquement correct. En êtes-vous capable ? Cochez chaque fois que vous vous reconnaissez dans les affirmations suivantes.

- ❑ Je fais souvent des lapsus.
- ❑ Je préfère les chiens aux chats (je ne me sens jamais à l'aise quand il y en a un qui rôde autour de mes chevilles).
- ❑ Je ne parle pas de langue étrangère (au mieux, je bredouille).
- ❑ Je n'aime pas la couleur orange.
- ❑ Je dors la plupart du temps d'une seule traite.
- ❑ Je me dis parfois qu'il y a quelqu'un dans mon ordinateur.
- ❑ Je ne crois pas à la transmission de pensée.

- ❑ J'ai très peur des serpents (ou des araignées, des souris, etc.).
- ❑ Je n'aime pas regarder les films ou les séries étrangères en VF.
- ❑ Je suis très consensuel ; tout le monde m'aime bien.
- ❑ Je jette facilement la pierre aux autres (en cas d'erreur, de faute).
- ❑ J'ai terriblement peur du ridicule.
- ❑ J'ai mal au cœur en voiture (ou en bateau).
- ❑ Je fantasme peu sexuellement.
- ❑ Je ne suis pas à l'aise quand je dois prendre l'avion.
- ❑ Je ne donne jamais mon sang (sauf obligation) ; je déteste les piqûres.
- ❑ Je m'endors comme une masse.
- ❑ J'ai toujours peur de me tromper.
- ❑ J'ai une manie (tortiller ses cheveux, etc.).
- ❑ Je ne ris jamais aux éclats ou très rarement.
- ❑ Je ne peux pas utiliser des toilettes publiques.
- ❑ Mes amis me reprochent fréquemment de parler trop fort.
- ❑ J'ai été élevé d'une manière très stricte par mes parents.
- ❑ J'organise toujours mes vacances longtemps à l'avance.
- ❑ Je doute souvent de moi-même (de mes capacités, de mes chances de réussite).
- ❑ Je pense que quand on s'aime, on doit tout se dire.
- ❑ J'éprouve souvent des sentiments de honte.
- ❑ Je n'arrive pas à dormir dans les trains (ou les avions, en voiture).
- ❑ J'ai du mal à sortir de ma routine, de mes habitudes.
- ❑ J'évite de passer sous les échelles.
- ❑ J'ai du mal à parler de mes sentiments (et à dire tout simplement « je t'aime »).
- ❑ Certains jours de pleine lune, je me sens vraiment très mal.

- ❑ Beaucoup de choses (peau du lait, scène de violence…) me dégoûtent.
- ❑ J'ai un gri-gri (au moins) accroché à mon trousseau de clefs.
- ❑ Je suis sous tranquillisants depuis des mois (sinon des années).
- ❑ Dans mon couple, je supporte (très) mal les séparations (même de quelques jours).
- ❑ Je déménage souvent (tous les deux-trois ans), sans raison (professionnelle, etc.).
- ❑ Je cherche toujours à bien faire (je suis plutôt perfectionniste dans mon travail).
- ❑ Je suis un peu hypocondriaque.
- ❑ Je trouve bizarres les gens qui parlent à leurs plantes vertes.

Comment analyser vos résultats ?

Comptez le nombre d'items où vous avez répondu « oui » et reportez-vous au paragraphe correspondant.

Plus de 29 points
Votre créativité : faible
Est-ce inné :vous avez un naturel très cartésien ? Ou acquis : vous avez reçu une éducation très conformiste ? En tout cas, vous ne laissez pas s'exprimer votre créativité. Vous imaginez d'ailleurs souvent ne pas être spécialement créatif et vous pensez comme beaucoup de gens que la créativité sert dans certains métiers, mais qu'elle est inutile pour un contrôleur de gestion ou un ingénieur support. Vous êtes plus un gardien de l'ordre, un pilier dans une organisation, qu'un questionneur infatigable cherchant sans cesse à agir sur les faits, les événements, les personnes, et à modifier le cours

des choses. Vos talents tiennent plus de la rigueur, où il y a une place pour chaque chose et où chaque chose est à sa place, que des figures libres de l'imagination.

Comment la déclencher

Chez vous, le manque de créativité est lié à des préjugés. Par exemple, elle ne sert à rien dans le métier que vous faites, c'est même risqué, etc. Vous vous en tenez aux règles, aux méthodes, aux procédures habituelles, et vous ratez l'occasion d'améliorer les choses (votre qualité de travail aussi bien que la productivité du service). *Change your mind,* comme disait la publicité ! Partez du principe que rien n'est gravé dans le marbre, que tout est perfectible. Et surtout ne vous braquez pas quand on vous demande de revoir votre façon de faire.

De 20 à 29 points
Votre créativité : moyenne

Est-ce une forme de pragmatisme (du genre « c'est dans les vieux pots qu'on fait les meilleures soupes ») ? Ou une certaine forme de paresse intellectuelle (du genre « pourquoi se compliquer la vie ») ? En tout cas, vous avez plutôt tendance à vous encroûter dans vos petites habitudes et à reproduire dans votre travail les schémas habituels au lieu de chercher à optimiser. Bien sûr, vous êtes aussi capable de considérer les choses d'un œil neuf. Ne serait-ce que par souci d'amélioration : ce qui va bien peut aller encore mieux. Mais au fond, vous êtes beaucoup plus doué pour faire des petites révolutions (améliorations permanentes) que pour initier des changements radicaux.

Comment la stimuler

Chez vous, le manque de créativité est souvent lié à un excès de rationalité. Vous pensez trop avec votre hémisphère gauche (logique, raisonnable…) et vous avez tendance à vous autocensurer et à brider votre imagination ou votre inventivité. Comment penser plus avec votre hémisphère droit (intuitif, créatif…) ? Changez de prémisses. Prenez une situation, n'importe laquelle, et au lieu de l'aborder comme vous le faites d'habitude sous l'angle du « pourquoi » ou du « comment », demandez-vous « et si… » et faites une liste des possibilités.

De 10 à 19 points
Votre créativité : élevée

Pas de doute, vous avez le potentiel pour *think different*, faire du neuf avec du vieux. Rarement en panne de créativité, vous êtes à l'aise dès qu'il s'agit de faire preuve d'imagination ou d'inventivité. L'esprit en éveil, ouvert, sans cesse à la recherche d'idées nouvelles et de nouvelles manières de faire, vous avez suffisamment d'expérience pour faire le tri entre bonnes idées (à retenir) et fausses bonnes idées (à ne pas développer). Même quand vous exercez un métier d'ordre où on ne vous demande pas de refaire le monde, vous trouvez toujours le moyen d'améliorer les choses en initiant des changements profitables pour tous.

Comment l'alimenter

En restant en permanence attentif à ce qui se fait ailleurs dans votre métier et votre domaine de compétences, mais aussi en étant curieux de ce qui se fait dans d'autres métiers pour importer les bonnes idées et les bonnes méthodes. Et en privilégiant aussi la communication. Vous devez prendre le temps d'expliquer (pour convaincre, motiver, etc.), sinon vos envies de progrès seront vite érodées par l'inertie naturelle des situations. Car, inconsciemment, c'est le propre de la nature humaine, nous avons souvent tous tendance à être bloqués face au changement.

Chapitre 25

Réussir avec les autres

Sacrifié pendant les années 1980-1990 à la recherche frénétique de la performance et de la réussite personnelle, « l'esprit d'équipe » est redevenu une priorité pour les chefs d'entreprise. Nouveau credo ? Pas vraiment. En fait, une tendance de fond qui s'explique simplement par le darwinisme. Contrairement à l'opinion commune, l'évolution, ce n'est pas la loi, encore moins la survie, du plus fort, mais celle du groupe. Dans la nature, les prédateurs qui ont le plus haut taux de réussite sont ceux qui se montrent solidaires : les chiens de prairie, par exemple, qui s'occupent des blessés (vont les chercher, les nourrissent…) sont une fois et demie plus performants que les hyènes qui travaillent pourtant elles aussi en meute et trois fois plus que les lions bien trop individualistes même quand ils chassent en nombre. Bref, aujourd'hui, encore plus avec la crise, le succès se joue à plusieurs.

Savez-vous constituer une équipe gagnante ?

Comme se plaisait à dire Henri Ford, « se réunir est un début, rester ensemble est un progrès, travailler ensemble est une réussite ». En êtes-vous capable ? Avez-vous du leadership ? Choisissez, pour chaque proposition, la réponse que vous jugez la plus appropriée.

Quand je dois recruter un nouveau collaborateur :
a. J'ai plutôt tendance à coopter en fonction de mes affinités personnelles.
b. Je pense d'abord en termes de compétences et de talents complémentaires.

Ma *dream team* :
a. Elle est soudée, elle fonctionne en vase clos, elle n'a besoin de personne.
b. Elle reste ouverte au monde extérieur, toujours à l'affût de ce qui pourrait venir la renforcer.

Quand il y a un problème à régler, une décision à prendre :
a. Je trouve que c'est mieux de réunir tout le monde le plus vite possible.
b. Je me demande d'abord s'il n'y a pas un moyen plus simple ou plus efficace (envoyer une note, donner des coups de fil, déléguer quelqu'un...).

Si je sens un désaccord dans l'équipe :
a. Je n'en tiens pas compte ; l'essentiel, c'est d'avancer.
b. J'encourage chacun à exprimer ses différences.

Quand un membre de l'équipe a des difficultés dans son travail :
a. Je le laisse se débrouiller pour voir de quoi il est capable.

b. J'essaie plutôt de l'aider (suivi, participation active, approbation, remise en question si nécessaire).

Si je sens que la situation risque de déraper :
a. Je cherche à établir un minimum de consensus pour éviter le conflit.
b. Je trouve préférable de crever l'abcès.

Dans l'absolu :
a. J'aime bien que cela ronronne, j'ai tendance à décourager les initiatives, l'enfer étant pavé de bonnes intentions.
b. J'aide chacun à réussir au-delà de ce dont il se croyait capable.

Quand je dois prendre une décision stratégique :
a. Je pense d'abord aux recommandations de ma hiérarchie.
b. Je prends plutôt en compte l'opinion de chacun.

En cas de pilule difficile à avaler :
a. J'impose sur le thème « c'est comme ça, on ne peut pas faire autrement... ».
b. J'essaie plutôt de convaincre, j'écoute, j'argumente, pour remporter l'adhésion.

Pendant mes absences (déplacements, vacances...) :
a. Le travail n'avance pas ou peu, je retrouve souvent les mêmes problèmes, voire plus, en revenant.
b. Chacun sait ce qu'il a à faire et fait ce qu'il doit faire, les problèmes se règlent.

Chaque fois qu'on réussit un joli coup :
a. J'encourage l'équipe à ne pas s'endormir sur ses lauriers.
b. Je fête notre succès en mettant l'accent sur la contribution de chacun.

Quand je dois organiser une réunion :
a. C'est plus simple de convoquer tout le monde dans mon bureau.
b. Je préfère autant que possible qu'on se retrouve en terrain neutre (salle de réunion, etc.).

Dans une équipe :
a. Je trouve normal que les problèmes de personnes prennent souvent le pas sur le but commun.
b. J'estime qu'on doit chercher avant tout à atteindre des objectifs, clairement définis au départ.

Quand on commence un nouveau projet :
a. Je préfère être sur le terrain et veiller à ce que chacun fasse bien son travail.
b. Je m'assure que les tâches sont bien délimitées, réparties et que chacun en est bien informé (par des mémos, des réunions...).

En cas de conflit entre deux collaborateurs :
a. J'ai spontanément tendance à prendre parti pour celui qui pense comme moi.
b. Je cherche plutôt à comprendre le point de vue de celui qui ne pense pas comme moi.

Quand l'attitude d'un collaborateur me déçoit :
a. J'ai tendance à lui faire la tête, voire à l'accabler de récriminations.
b. Je reconnais d'abord ses bonnes intentions avant de lui montrer le côté négatif de son comportement ou de ses décisions.

Pendant la crise, les travaux continuent :

a. J'estime qu'il vaut mieux attirer l'attention des uns et des autres sur les problèmes, les risques encourus.

b. Je trouve préférable de focaliser l'attention sur des solutions, des opportunités.

Comment analyser vos résultats ?

Compter votre nombre de *a* et reportez-vous au paragraphe correspondant.

Plus de 8 *a*

Est-ce un excès d'autorité : vous avez tendance à prendre les autres pour des pions, à ne pas tenir assez compte des personnes ? Ou de la faiblesse : vous encouragez les conformismes et vous découragez les bonnes volontés, en ne relevant pas assez de défis ? En tout cas, vous n'être pas très doué pour diriger une équipe gagnante. Comment corriger le tir ? Commencez par changer de point de vue : une équipe ne consiste pas en une simple accumulation des compétences, mais en une conjugaison des talents. Alors n'hésitez pas à remettre les choses à plat : pourquoi on est là, qui fait quoi, comment...

De 5 à 8 *a*

C'est moyen, moyen, surtout si vous êtes plus proche des 8 *a*. Bien sûr, vous savez faire « tourner » une équipe, vous pouvez avoir des résultats satisfaisants, remporter des succès, mais en cas de grosse mer (conflits internes, difficultés extérieures...), vous avez parfois tendance à caler. Comment optimiser ? D'abord en réaffirmant votre leadership : redéfinition des objectifs, des moyens, des étapes pour l'atteindre, coordination des tâches, délégation, contrôle...

Ensuite, en misant sur la motivation : faire confiance (pour obtenir le meilleur des autres, il faut les « soupçonner » du meilleur), aider à l'action, relever de nouveaux défis.

Moins de 5 *a*

Bravo ! Vous avez tout ce qu'il faut pour rassembler autour de vous une équipe gagnante et la faire durer à haut rendement. Vous avez compris que dans le type d'organisation actuel (l'évolution forcée des entreprises vers plus d'agilité et de mobilité), les relations hiérarchiques, autoritaires ne marchent pas. Le plus important : la conjugaison des talents, la motivation, la solidarité, la capacité à créer et à entretenir des rapports d'estime mutuelle entre coéquipiers. Juste une petite chose : dans une équipe, les frictions des ego sont inévitables. Et indispensables à l'avancement du projet commun. Alors, évitez les consensus mous.

Chapitre 26

Prendre le leadership

Pourquoi certains sont-ils des dirigeants-nés et d'autres non ? La « cheffitude » serait-elle génétique (comme les yeux bleus, l'infidélité...) ? On aurait ou pas le gène du commandement. Peut-être : certains ont plus de charisme, d'autorité naturelle, que d'autres. Mais toutes les études menées par les sociologues ou les spécialistes du management montrent que, même spontanée, l'aptitude à diriger dépend d'abord de l'environnement. On ne naît pas grand patron, on le devient en fonction d'un certain nombre de facteurs (éducation, expériences...) et de compétences acquises dans différents domaines (vision stratégique, gestion de l'action, prise de décision, communication, etc.). Mais toutes ces compétences seraient sans doute un peu vaines sans réelle volonté de pouvoir. Elles nécessitent l'envie, très forte, de commander les hommes.

Êtes-vous un high flyer ?

Vous avez envie de pouvoir, vous êtes un *high flyer*, peut-être déjà patron, mais avez-vous vraiment le feu sacré pour entraîner les autres derrière vous ? Voire, y a-t-il du Bill Gates ou du Carlos Ghosn en vous ? Cochez chaque fois que vous répondriez « oui » aux affirmations de la liste suivante.

- ❑ Quand j'ai un problème avec mon supérieur immédiat, je le règle tout seul en adulte (je ne transgresse pas la hiérarchie).
- ❑ Je cherche toujours à prendre plus de responsabilités, à évoluer (formation, concours internes...).
- ❑ Je parle correctement deux langues étrangères (l'anglais couramment et une autre langue).
- ❑ J'ai rencontré plusieurs fois déjà la DRH ou mes supérieurs hiérarchiques pour faire le point sur mon parcours.
- ❑ Dans le business, je cherche toujours à gagner plus, plutôt qu'à battre l'autre.
- ❑ Je reste efficace en dépit des changements d'environnement, d'interlocuteurs, de responsabilités ou de tâches.
- ❑ Quand je donne à un collaborateur des tâches ennuyeuses ou peu valorisantes, je les justifie (je lui explique à quoi elles vont servir, pourquoi c'est lui qui doit les faire...).
- ❑ Je bénéficie d'un plus grand nombre d'avantages en nature et/ou de primes que mes homologues.
- ❑ Quand j'aborde un nouveau « dossier », je commence par m'informer sur la question.
- ❑ Je peux donner beaucoup de moi-même, même en l'absence d'avantages personnels immédiats.
- ❑ Dans une négociation, je ne cherche pas à être trop malin : je simplifie pour que les autres comprennent facilement l'intérêt de coopérer.

- ❑ Je préfère les sports individuels (golf, escalade...) aux sports de compétition (tennis, squash...).
- ❑ Je ne charge jamais les autres de missions impossibles (qui dépassent leurs capacités, sont irréalistes en termes de marchés, de délais…) sous prétexte de les motiver.
- ❑ Je pense que, pour obtenir le meilleur des gens, il faut leur demander le meilleur.
- ❑ J'aide les autres à accéder à un niveau supérieur dans leur travail ; je fais leur promotion, les recommande à ma hiérarchie, mes amis.
- ❑ Les négociations marathons ne me font pas peur ; au bout de douze heures, je suis encore frais et je garde l'esprit clair.
- ❑ En cas de dissension dans l'équipe, je suis souvent celui qui trouve une solution pour mettre tout le monde d'accord.
- ❑ Quand je délègue, je renseigne soigneusement sur la situation, les intervenants, les moyens (sources, documents, recours possibles, etc.).
- ❑ Mon entreprise m'a déjà proposé un changement de poste dans une autre filiale ou un autre pays.
- ❑ Je comprends que quelqu'un me dise « non » parce que son programme est déjà très chargé.
- ❑ Je séquence mes activités autant que possible : une tâche, un dossier, un problème, à la fois.
- ❑ Quand j'ai quelque chose de désagréable à faire (annoncer une mauvaise nouvelle à mon patron, renvoyer une assistante...), je ne remets pas au lendemain.
- ❑ Mon entreprise m'a proposé de me former à des pratiques plus larges que celles qui sont nécessaires à mon poste actuel.
- ❑ Je ne rumine pas indéfiniment mes échecs. D'ailleurs, ils sont toujours instructifs.
- ❑ Je n'attends pas d'être débordé pour me décharger d'une partie de mon travail sur les autres.

- ❑ Dans les situations épineuses, j'évite les conflits inutiles en coopérant aussi longtemps que l'autre le fait.
- ❑ Dans les situations conflictuelles, je me concentre sur ma propre attitude au lieu de ne penser qu'aux comportements de l'autre ou des autres.
- ❑ En cas de blocage (d'une idée, d'un projet...), je suis capable de remettre tout à plat, *think different* et repartir sur de nouvelles bases.
- ❑ Je sais riposter (chaque fois que l'autre ne joue pas ou plus la coopération) et comment riposter (ni trop fort pour ne pas provoquer d'escalade ni trop faiblement pour ne pas me laisser dominer).
- ❑ Quand un collègue réussit un joli coup, je ne suis pas avare de compliments.
- ❑ J'apprécie les efforts des personnes qui travaillent avec moi et je le fais savoir : je les félicite devant tout le monde.
- ❑ Je n'encourage pas les intrigues, par exemple en laissant croire à un assistant qu'il peut passer par-dessus la tête de son responsable direct.
- ❑ Je suis magnanime dans la victoire : je laisse toujours aux perdants les moyens de sauver la face, je n'impose pas de conditions draconiennes.
- ❑ Quand quelqu'un se trompe, je relativise : « Ce n'est pas grave, ça arrive à tout le monde », et je positive : « Voyez le bon côté, maintenant vous allez pouvoir... »
- ❑ Quand j'ai besoin d'aide, je l'obtiens assez facilement.
- ❑ J'essaie de trouve des solutions quand quelqu'un a un problème personnel au lieu de me retrancher derrière les règles ou les procédures de l'entreprise.
- ❑ Je suis capable de rester efficace dans des situations décevantes et/ou hostiles malgré la pression ou les échecs.
- ❑ Je ne me vexe pas quand on me fait des suggestions pour me rendre plus efficace.

- ❑ Je suis le travail de mes collaborateurs (pour approuver ou, éventuellement, le remettre en question).
- ❑ Je suis conscient de mon effet sur les autres.

Comment analyser vos résultats ?

Comptez 1 point chaque fois que vous avez répondu « oui » et reportez-vous au profil correspondant.

Moins de 21 points
Par **excès de modestie**, manque de confiance en vous, ou peur des complications, vous n'aimez pas trop vous mettre en avant. Même si vous êtes bon dans votre métier, vous êtes toujours réticent quand il s'agit de prendre plus de responsabilités. Et quand vous les prenez (souvent contraint et forcé), c'est un peu pour vous une corvée. Et, la plupart du temps, vous préférez renoncer plutôt que vous forcer à écouter, vous faire entendre, vous imposer. Vous n'êtes pas assez motivé pour gérer et le business et les ambitions des uns et des autres. À la rigueur, vous pourriez le faire (en prenant beaucoup sur vous, en forçant vos compétences) tant que l'entreprise reste à dimension humaine, mais vous ne vous voyez pas vraiment à la tête d'une multinationale. Au fond, devenir grand patron ne vous intéresse pas vraiment : vous préférez de loin votre tranquillité d'esprit.

De 21 à 29 points
Très individualiste et ambitieux (vous n'épargnez pas votre énergie pour prouver à vos yeux et à ceux des autres que vous êtes le plus fort), vous avez tout ce qu'il faut pour devenir un grand manitou (charisme, compétences, audace, sang-froid, persévérance, etc.). Vous êtes peut-être déjà responsable d'une équipe, d'un service ou d'une entreprise. Mais vous

n'êtes peut-être pas encore tout à fait clair sur vos motivations pour accéder au clan très fermé des grands patrons. Pour vous, le pouvoir signifie encore beaucoup « je veux faire ce que je veux », « je ne veux pas qu'on m'embête ». Vous y voyez la possibilité d'avantages personnels (travail plus varié, plus passionnant, argent, influence, reconnaissance...), mais vous n'avez pas encore pris conscience du sacrifice de soi que cela suppose (par exemple, votre temps appartient aux marchés, à vos actionnaires...). Réfléchissez-y.

30 points et plus

Capable de déplacer ciel et terre (et de transformer une bande de « zozos » en équipe gagnante) pour atteindre l'objectif que vous vous êtes fixé (ou qu'on vous a fixé), vous avez des aptitudes certaines pour transformer les problèmes en solutions. Et ce qu'il faut bien appeler un don pour sentir instinctivement quand il faut taper du poing (ou de l'escarpin) sur la table, vous taire (momentanément) ou donner le petit coup de pouce nécessaire pour faire avancer le bouchon. Vous possédez aussi la largeur de vue indispensable pour gérer des équations à multiples inconnues, savoir au feeling ce qui va marcher demain, et la souplesse requise pour vous adapter sans cesse aux nouvelles donnes. Bref, même si vous n'avez pas fait l'ENA, Centrale ou X, même quand vous vous êtes formé sur le tas, vous avez le potentiel des meilleurs. Un conseil : vous arriverez plus vite en haut de l'échelle en étant plus direct. Vous voulez le pouvoir ? N'attendez pas qu'on vous le donne. Prenez-le !

Qu'est-ce qu'un high flyer ?

Un *high flyer* ou « haut potentiel », c'est la perle rare des entreprises. Celle qu'elles s'efforcent de dénicher, de débaucher et de promouvoir.

Pour repérer un *high flyer*, les entreprises mettent en avant trois principaux critères : le leadership, la capacité à diriger et la personnalité.

Pour faire partie du club très fermé des futurs dirigeants, certaines qualités et compétences sont indispensables.

Les 7 qualités du leader :

- Inspirer confiance, fidéliser ses subordonnés, les entraîner à l'action
- Être capable d'élaborer un plan de travail, d'en fixer les étapes de façon à créer les meilleures conditions pour atteindre l'objectif
- Gérer efficacement les informations, les tâches, les événements pour optimiser l'action de son équipe
- Savoir encourager une équipe, ses activités de façon à optimiser sa performance
- Gérer efficacement les talents dans son équipe
- Conseiller et guider ses collaborateurs (suivi, participation active, approbation, remise en question si nécessaire)
- Veiller à développer les compétences et le savoir-faire des subordonnés

Les 3 qualités du dirigeant :

- Maîtrise de la complexité (évaluation des différents éléments d'un problème pour prendre la décision la plus adaptée), compréhension de l'environnement (capacité à identifier les personnes clés)
- Conscience de la valeur du rôle joué (très forte implication dans l'entreprise) et passion pour les résultats

- Faculté à se remettre en cause et flexibilité (rester efficace dans des situations décevantes et/ou hostiles malgré la pression ou les échecs)

En ce qui concerne la personnalité, les principales qualités pour « faire la différence », indispensables à la réussite d'un leader, sont les suivantes :

- **Ambition** : montrer sa volonté d'accéder à des niveaux de responsabilité supérieurs et faire les efforts nécessaires pour cela
- **Adaptabilité** : rester efficace en dépit des changements d'environnement, d'interlocuteurs, de responsabilités ou de tâches
- **Persévérance** : s'accrocher jusqu'à ce que l'objectif soit atteint ou alors que la preuve soit faite que celui-ci n'est plus valable
- **Esprit d'équipe** : manifester de la solidarité avec le groupe, même en l'absence d'intérêt personnel direct
- **Ouverture d'esprit** : capacité à sortir des sentiers battus (routines, normes...) pour concevoir et/ou intégrer des solutions nouvelles
- **Prise de risque** : être une force de proposition, d'action, plutôt que simplement être réactif

Chapitre 27

Réseauter autrement

Quand Bell Lab's, le centre de recherche de haute technologie de AT&T's, le géant des télécoms aux États-Unis, a testé ses cerveaux, la surprise a été de taille. Les meilleurs n'étaient pas ceux dont le QI était le plus élevé ou les diplômes plus prestigieux. Les « stars », au contraire, étaient ceux que leurs qualités personnelles plaçaient au centre des réseaux. Toutes les études psychosociologiques le montrent : les plus performants dans leur travail sont toujours ceux qui bénéficient d'un réseau. Faire partie d'un réseau constitue toujours une chance supplémentaire de succès : avec ses pairs, on se comprend sans avoir besoin de tout expliquer, on s'apprécie (excellent pour l'ego), on s'aide, on se donne du temps, des conseils, des plans, on partage (les informations, les opportunités...). Un réseau ne règle pas tous les problèmes, mais il peut booster une carrière et il est précieux en cas de mauvaise passe.

Êtes-vous un bon « réseauteur » ?

Savoir réseauter est tout un art. Cela demande d'abord d'avoir conscience qu'on ne réussit pas tout seul, qu'on est beaucoup plus performant lorsqu'on est solidaire. Ensuite, d'avoir quelques talents pour nouer et/ou entretenir des contacts. Êtes-vous un « je suis fort, je n'ai besoin de personne, je m'en sors tout seul » ou, au contraire, un « relationnel » ? Cochez chaque fois que vous vous reconnaissez dans les affirmations suivantes.

- ❑ Mail, téléphone… : je m'arrange pour être constamment joignable.
- ❑ Même très impliqué dans mon travail, ma boîte, je garde toujours un œil sur ce qui se passe ailleurs.
- ❑ J'utilise à fond les outils Internet : réseaux sociaux (Linkedln, Facebook, Viadeo…), blogs…
- ❑ Quand ma boîte recrute, je fais des pieds et des mains pour placer mes petits camarades.
- ❑ Je crois qu'on peut obtenir beaucoup grâce au « bouche à oreille ».
- ❑ Entre mes carnets d'adresses personnels et professionnels, je dois avoir 300 contacts, peut-être plus.
- ❑ Je pense que les personnes qui me connaissent m'apprécient (à ma juste valeur).
- ❑ Je trouve qu'il vaut mieux avoir des partis pris forts qu'essayer de faire plaisir à tout le monde.
- ❑ Je tiens toujours mes promesses, même si cela doit m'en coûter.
- ❑ J'ai fait une grande école : Centrale, EDHEC, ESCP/EAP, ESSEC, HEC, INSEAD, Mines, Sciences-Po, SupÉlec, X…
- ❑ Quand j'apprends qu'un poste se libère quelque part, je préviens les personnes de mon réseau qui pourraient être intéressées.

- ❑ Quand j'ai besoin d'aide, pour régler un problème, je l'obtiens facilement.
- ❑ Je ne manque jamais de renvoyer l'ascenseur.
- ❑ Je me sens plutôt confiant quand je pense à mon avenir professionnel ; je sais que, d'une manière ou d'une autre, je m'en sortirai toujours.
- ❑ Je n'hésite pas à faire appel à mon réseau quand j'ai des doutes, des questions, voire besoin d'aide concrète face à des difficultés.
- ❑ En cas de problème, je trouve que c'est toujours mieux de « laver son linge sale en famille ».
- ❑ Je fais du « réseautage » au moins une heure par jour en moyenne sur la Toile.
- ❑ Quand quelqu'un connaît un succès (promotion, etc.), je ne manque pas de lui passer un petit coup de fil ou de lui envoyer un mot pour le féliciter.
- ❑ Je vois régulièrement d'anciens camarades de fac, de promo.
- ❑ Quand la donne change, je suis capable de revoir ma copie et de m'adapter.
- ❑ J'ai des correspondants dans le monde entier.
- ❑ Mon carnet d'adresses ne se limite pas à ma profession, il contient toutes sortes de profils ; je suis ouvert.
- ❑ J'ai le sens de l'amitié ; je suis loyal, fidèle...
- ❑ Je consacre beaucoup temps aux autres (quitte à me mettre en retard dans mon propre travail).
- ❑ Je fais partie d'une association, même de plusieurs.
- ❑ Je crois que je peux joindre n'importe qui dans le monde, même Obama, en actionnant les bons relais.
- ❑ Quand quelqu'un que je connais traverse une mauvaise passe, je ne manque jamais de l'appeler.
- ❑ Je suis très attentif à ma réputation ; je me méfie des rumeurs.

- ❑ J'ai constaté que les réseaux sociaux permettent un recrutement plus coopératif et efficace que la simple mise sur Internet des annonces et CV papier.
- ❑ Je dis plus souvent « nous » que « je » dans mon travail et dans la vie en général.
- ❑ Quand je rencontre quelqu'un pour la première fois, je cherche d'abord à voir ce qu'on a en commun.
- ❑ Les gens qui me connaissent savent qu'ils peuvent compter sur moi.
- ❑ Je m'efforce toujours de concilier mes propres intérêts avec ceux des autres, même si cela doit me faire perdre du temps.
- ❑ J'ai en mémoire les fêtes et les anniversaires des personnes qui comptent pour moi.
- ❑ Je pense qu'on n'arrive à rien ou pas grand-chose sans relations.
- ❑ Mon carnet d'adresses est organisé ; je peux identifier différents « cercles » en fonction de leur degré d'importance.
- ❑ Je suis capable de donner de moi-même en l'absence d'avantages personnels.
- ❑ Je participe souvent à des réunions avec des personnes qui ont une meilleure position sociale que la mienne.
- ❑ Je pense qu'il ne suffit pas d'être bon, il faut aussi le faire savoir.
- ❑ Je trouve qu'il vaut mieux faire partie de plusieurs réseaux que d'un seul.

Comment analyser vos résultats ?

Comptez votre nombre de cases cochées et reportez-vous au profil correspondant.

Moins de 20 cases

Est-ce un côté un peu « sauvage » ? Vous avez une répugnance pour tout ce qui ressemble à de l'embrigadement, vous ne supportez pas les obligations qu'imposent des relations suivies. Ou une ancienne tendance à la paranoïa ? Vous préférez faire les choses tout seul dans votre coin, tout ce qui ressemble à une complicité vous paraît toujours un peu risqué. Vous ne vous voyez pas vous « confier », encore moins en ligne. En tout cas, vous êtes plutôt un solitaire. C'est un peu dommage, car rien de grand, de valable, ne peut se faire sans échange, partage des idées, adhésion. Alors, faites un effort pour sortir un peu plus de votre bulle. Comme dit Boris Cyrulnik dans *Les Nourritures affectives*, « le paradoxe de la condition humaine, c'est qu'on ne peut devenir soi-même que sous l'influence des autres ».

De 20 à 30 cases

Est-ce dû à une nature plutôt sociable ? Vous avez besoin de pouvoir échanger (sentiments, idées, opinions...), partager (projets, espoirs, soucis...). À un besoin de sécurité ? Vous devez sentir que vous faites partie d'un clan, cela vous rassure de pouvoir faire la différence entre « eux » et « nous », vous avez l'impression de mieux garder le contrôle. Ou est-ce juste une stratégie intéressée (et intelligente) ? Pour vous, un réseau, en ligne ou non, est le moyen le plus efficace pour se développer rapidement. En tout cas, vous n'êtes pas du tout le genre « je n'ai besoin de personne, je m'en sors tout seul ». Vous réseautez plutôt bien. Vos carnets d'adresses sont fournis et vous les gérez comme il faut (*win-win*) : vous prenez du temps, des informations, etc., mais vous en donnez aussi.

Plus de 30 cases

Vous avez tendance à paniquer ou à déprimer quand vous vous sentez seul ? Vous êtes du bois dont on fait les disc-jockeys, les GO du Club Med ? Un professionnel des relations publiques, du lobbying ? Ou vous étiez un passionné des jeux vidéo en ligne (MMOG) dans votre enfance ? En tout cas, aujourd'hui l'énergie dépensée et le temps passé à gérer votre ou vos réseaux relèvent plus d'une activité en soi (vous ne pouvez pas vous en empêcher) que d'un moyen (vous ne le faites pas dans un but précis). Évidemment, cette habitude, envahissante et contre-productive, se fait au détriment de votre travail, de vos intérêts à moyen et long terme. Vous devez absolument vous interroger sur vos réels objectifs et restreindre vos carnets d'adresses en conséquence.

Comment bien réseauter ?

Pour avoir un bon réseau, il faut suivre certaines règles. En voici quelques-unes parmi les plus importantes :

Règle n° 1 - Identifiez votre réseau

- Le niveau 1 correspond à vos contacts directs
- Le niveau 2 aux contacts de vos contacts (niveau stratégique)
- Le niveau 3 aux contacts des contacts de vos contacts (niveau stratégique)

N'oubliez pas : le plus important, ce ne sont pas vos contacts, mais les contacts de vos contacts.

Règle n° 2 - Qualifiez votre réseau

- Vos contacts A constituent le noyau dur de votre réseau (contacts « réels » réguliers)
- Vos contacts B représentent vos relations (contacts « réels » occasionnels)
- Vos contacts C représentent vos relations virtuelles (contacts virtuels)

Règle n° 3 - Apprenez à donner avant de recevoir
Le réseautage (ou networking) est fondé sur un concept fort : la solidarité dans une perspective « gagnant-gagnant ». Cela suppose de faire confiance et d'être a priori bienveillant. Alors proposez votre aide à votre interlocuteur, et faites-le sans attendre quoi que ce soit en retour. Même si cette aide est modeste, elle sera appréciée, et la personne que vous avez aidée se sentira obligée de vous renvoyer l'ascenseur, même si c'est plusieurs mois ou plusieurs années plus tard.

Règle n° 4 - Commencez à réseauter le plus tôt possible
Le réseautage n'est pas réservé à une élite, des initiés, ni même à des cadres en poste. Même quand on n'a pas de travail (tel l'étudiant) ou qu'on débute dans la vie active, on peut, on doit se servir de réseaux. Plus vous le ferez tôt, plus vos chances d'élargir votre réseau seront importantes, et meilleures seront vos chances d'être informé d'une opportunité d'emploi, de business.

Règle n° 5 - Réseautez tout le temps, et pas seulement lorsque vous cherchez un emploi
Très souvent, on réseaute au pied du mur, dans l'urgence (recherche d'un premier emploi, chômage...). Mais un réseau met du temps à se construire et se renforce au fil des années. Alors, ne recourez pas seulement aux réseaux quand vous êtes dans le besoin, en demande. La situation réveille les vocations, et, un peu tardivement, les candidats se mettent à créer un réseau. Par définition, le réseautage est une action qui se construit avec le temps, et trouve toute sa puissance grâce aux années.

Règle n° 6 - N'exploitez pas les autres
Faire du networking ne doit pas être synonyme d'exploitation. Cela signifie qu'il ne faut pas abuser de la gentillesse

(bienveillance, disponibilité...) de vos interlocuteurs. Donc ne les sollicitez pas seulement quand vous avez un problème à résoudre. Faites plutôt des propositions : projet personnel, fédérateur, etc. Vous obtiendrez davantage en étant positif. Et renvoyez l'ascenseur chaque fois que l'occasion s'en présente.

Règle n° 7 - Assurez le suivi

Dès que vous demandez quelque chose à quelqu'un et qu'il fait quelque chose pour vous (vous corrige votre CV, vous conseille une stratégie, vous ouvre son carnet d'adresses...), tenez-le informé de l'évolution de votre situation. C'est la moindre des politesses, et si un jour, vous avez à nouveau besoin de cette personne, vous serez toujours dans son carnet d'adresses.

Conclusion

Voilà, vous avez dorénavant tous les éléments pour voir de quoi vous êtes vraiment capable et développer une vraie dynamique de succès.

Même si l'image est un peu simplette, la vie, au fond, pourrait s'apparenter à une partie de cartes. On reçoit une donne, elle est ce qu'elle est, plus ou moins belle, plus ou moins faussée, et on fait avec. Certains ont de très bonnes cartes, mais ils n'en ratent pas moins leur coup. D'autres, avec un petit jeu, réussissent néanmoins très bien.

Comment expliquer à l'arrivée cette inégalité des performances ? Les joueurs de bridge et de poker vous diront que c'est la connaissance du jeu qui fait toute la différence. Comme le bonheur, la réussite est d'abord dans les gènes pour 80 % : on a la chance (ou pas) de naître heureux ou nanti (en bonnes cartes). Les 20 % restants dépendent de notre aptitude à savoir apprécier l'instant présent : les cartes qu'on a en main, la donne des autres, les rapports de forces, les possibilités de jeu… Et à faire les bons choix en fonction des événements : saisir les opportunités, apprendre à provoquer sa chance.

Car réussir n'a pas le même sens suivant la situation dans laquelle on se trouve. En état de guerre par exemple, c'est déjà beaucoup de sauver sa peau, d'en sortir vivant. En situation de précarité économique, quand on tire la langue pour joindre les deux bouts, réussir, ça peut se résumer à s'en sortir : avoir un toit, nourrir sa famille…

Réussir au sens où nous l'entendons la plupart du temps aujourd'hui, avoir une vie personnelle plus ou moins épanouie, cela suppose que nos besoins fondamentaux (être au chaud, nourri, en sécurité) soient évidemment d'abord satisfaits.

Ce n'est qu'à partir de ce moment-là que l'on peut désirer plus : se sentir partie prenante dans une société (famille, communauté) qui vous accepte et vous apprécie, avoir une « situation », le respect des autres, une reconnaissance sociale, un bien-être matériel, etc.

Ces désirs en plus, ce que l'on appelle communément la recherche du bonheur, peuvent d'ailleurs souvent entrer en conflit. De nombreuses recherches montrent, par exemple, que quand les gens organisent leur vie autour de la réussite matérielle, sociale, ils ont moins de satisfaction dans leurs relations, une humeur moins bonne et davantage de problèmes psychologiques. En revanche, les gens peu matérialistes, plus axés sur le développement personnel et le contact avec les autres, tirent plus de satisfaction de leur vie personnelle.

Comment expliquer cela ? Sans doute parce que la culture de consommation actuelle nourrit l'illusion qu'acquérir des biens peut changer notre vie : on va être plus heureux, plus libre, avoir de meilleures relations… Mais quand on est mal dans sa peau et avec les autres, un peu ou beaucoup plus d'argent, de pouvoir ou de gloire n'arrange jamais rien. Cela a même plutôt tendance à compliquer encore plus les choses.

Depuis que le monde est monde, psychologues et économistes se disputent sur le bonheur. Pour les premiers, chaque individu a un capital bonheur déterminé par la génétique et par sa personnalité, et indépendant des événements de la vie. Pour les seconds, le bonheur est directement lié à l'augmentation des revenus et des biens. Richard Easterlin, un économiste américain, doyen des « happiness studies » (recherches sur le bonheur) renvoie les uns et les autres dans leurs buts. Selon lui, l'analyse des données collectées depuis plus de 30 ans par la grande étude sociologique américaine (GSS) montre que trois seuls événements – le mariage, le divorce et la santé – ont un réel impact à long terme sur le bonheur.

Bref, les modèles de réussite tant vantés par les médias et la publicité ne sont pas ceux qui font le bonheur. Et ils le sont d'autant moins qu'ils seraient même en réalité mauvais pour notre moral. C'est d'ailleurs la conclusion d'une étude effectuée par MTV auprès de 5 400 jeunes âgés de 16 à 34 ans, vivant dans quatorze pays différents (Argentine, Brésil, Chine, Danemark, France, Allemagne, Inde, Indonésie, Japon, Mexique, Afrique du Sud, Suède, Angleterre et États-Unis). Les chercheurs ont calculé un « Wellbeing Index » (un Indice de Bien-être) prenant en compte le sentiment de sécurité, l'insertion dans la société et la manière d'appréhender l'avenir. Résultat : plus on a accès à l'information via les médias de masse, plus on est pessimiste. En revanche, les moins bien informés sont aussi les moins inquiets et les plus optimistes.

Alors réussir, c'est quoi ? Sans doute un délicat équilibre entre vie privée et vie professionnelle. Pour Freud, être bien dans sa peau, ni névrosé ni pervers, avoir une bonne santé psychologique, c'est être capable de travailler et/ou d'aimer (autant que possible les deux en simultané).

C'est le modèle, et le projet, de réussite que vous propose ce livre. À vous de voir…

Table des matières

Impression réalisée par

CPI
Brodard & Taupin

La Flèche
pour le compte
des Éditions FIRST
en décembre 2009

N° d'impression : 55738
Imprimé en France